装飾手芸テクニックで作る
とっておきの小物
PANORAMA
JN245598

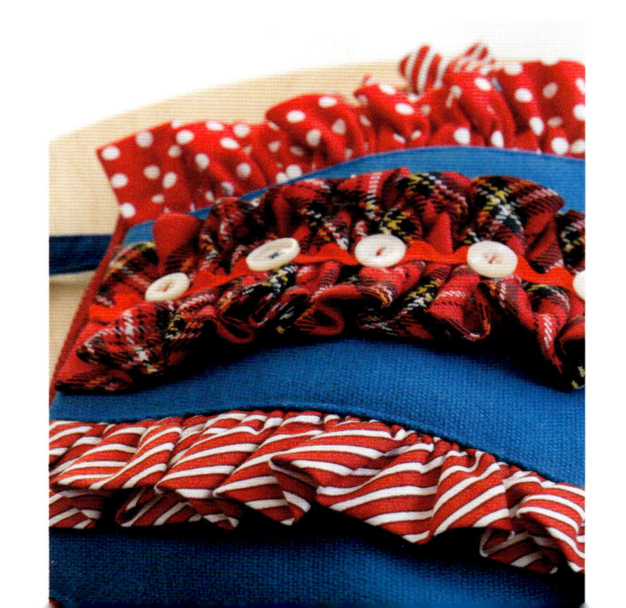

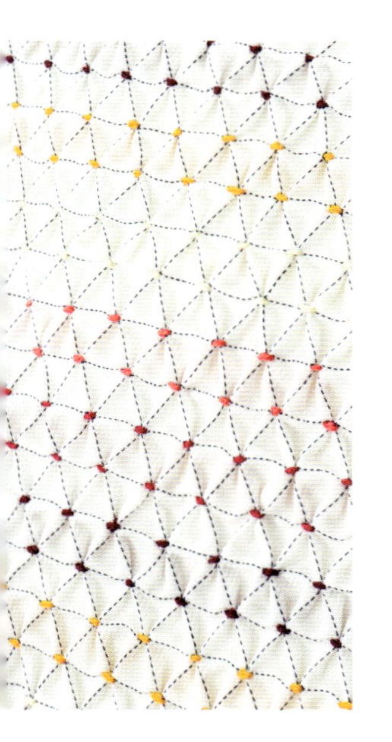

はじめに

手芸には布と糸で作るさまざまなテクニックがあります。布に表情が生まれ、装飾をしたように凝った作品になります。既成品の装飾パーツもたくさん販売されていますが、布と糸だけで作る装飾テクニックは手作りならではの美しさがあります。それらのテクニックは一枚布で作る小物に比べると、ひと手間もふた手間もかかるものかもしれません。しかし、手間をかけた分すてきな小物に仕上がります。テクニックを知る楽しさと作る楽しさ、「次はこういうふうに作ってみたらどうだろう」「こういうこともできる」という物作りへのわくわく感。出来上がった物がワンランクアップした感覚、完成した達成感。この本ではそんな装飾テクニックを取り入れた小物を紹介しています。テクニックを知ることで、新たな物作りの楽しさが広がることを願います。

10のテクニックを、それぞれ写真で解説をしています。定番のヨーヨーキルトからスモッキングのように複雑そうに見えるものもありますが、やってみると意外と単純な作業のくり返しです。写真解説は、テクニックのみの解説ですので、各作品の作り方は65ページ以降を参照してください。

CONTENTS

2 はじめに

6 スカラップ
ポーチinポーチ、ティッシュケース付きポーチ、
花のバケツ形バッグ

12 ヨーヨーキルト
ヨーヨーの花束のバッグ、花いっぱいのポーチ

16 パフ
ぺたんこパフのミニバッグ、
ぺたんこパフのポーチ、
ふんわりパフのクッション

22 スモッキング
ハニコムスモッキングのクッション、
円のスモッキングバッグ、かご模様のポーチ、
カナディアンスモッキングバッグ

32 ピンタック＆ウェーブキルト
ウェーブキルトのクッション、白いベビーキルト、
貝殻ポーチ、タック＆スモッキングのバッグ

38 スラッシュキルト
プードルのもこもこバッグ、プードルのもこもこポーチ、
デニムのカジュアルポーチ、デニムのカジュアルバッグ

44 セミノール
ティーコゼーとティーマット、クッション3種、
モノトーンのぺたんこバッグ

50 フリル
赤×青のフリルポーチ、フリルのガーリーバッグ、
フリル仕立てのきんちゃく

54 タフティング
つつみボタンのポーチ、ボタンのミニバッグ、
シンプルキルト

58 キャンドルウィック
水玉カードケース、花のブローチ、
白いクラッチバッグ

9 基本の六角形スカラップキルトの作り方
10 六角形のスカラップキルト簡単バージョン
11 スカラップ飾りの作り方
11 スカラップの立体花の作り方
14 正円から作る
14 長方形から作る
15 ファスナー飾りの楽しみ方
19 ぺたんこパフの作り方2種類
20 ふんわりパフの作り方2種類
26 ハニコムスモッキングのしかた
27 ダイヤモンドスモッキングのしかた
28 円のスモッキングのしかた
30 24ページのカナディアンスモッキングのしかた
31 25ページのカナディアンスモッキングのしかた
36 ピンタックとウェーブキルトのしかた
37 箱ひだ＆スモッキングのしかた
42 ストレートスラッシュキルトのしかた
43 スクエアスラッシュキルトのしかた
47 セミノールのしかた
53 フリルの作り方
53 52ページのフリルの付け方
57 タフティングのしかた
61 キャンドルウィックのしかた

65 作品の作り方

SCALLOP

スカラップ

スカラップとはホタテ貝が語源です。ホタテ貝の貝殻の丸くなっている部分を思い出してみてください。スカラップが並んだデザインとして洋服の前立てや裾などに使われるだけでなく、花びらのような形の台布で飾り布をくるむ、キルトの手法としてのスカラップもあります。ひとつひとつモチーフを作ってからつなぎ合わせるので、モチーフを完成させる楽しみがあります。ひとつだけでもコースターとして使えます。

ポーチ in ポーチ

スカラップキルトを９枚つないだカバーの中にファスナー付きのポーチを入れて３つポケットのポーチに。取り出して別々に使うこともできます。

10.5×21.5cm　小島千珠子
作り方 ▶ 68page

ティッシュケース付きポーチ

木に見立てたスカラップ部分が取り出し口です。反対側は水玉模様を生かしたスカラップで木の刺繍を入れました。遊び心のある、気の利いたデザイン。

12×15.5cm　小島千珠子　作り方 ▶ 66page

花のバケツ形バッグ

口のまわりに立体の花をあしらったバッグ。
花のモチーフは甘くなりすぎないように、モノトーンでシンプルに見せるのが大人デザイン。

23×24cm　嵯峨暁子　作り方 ▶ 69page

基本の六角形スカラップキルトの作り方

1

台布（左）、接着キルト綿（右上）、飾り布（右下）を用意します。接着キルト綿は、普通のキルト綿でもかまいません。

2

飾り布に接着キルト綿を接着します。はってから六角形にカットしてもかまいません。

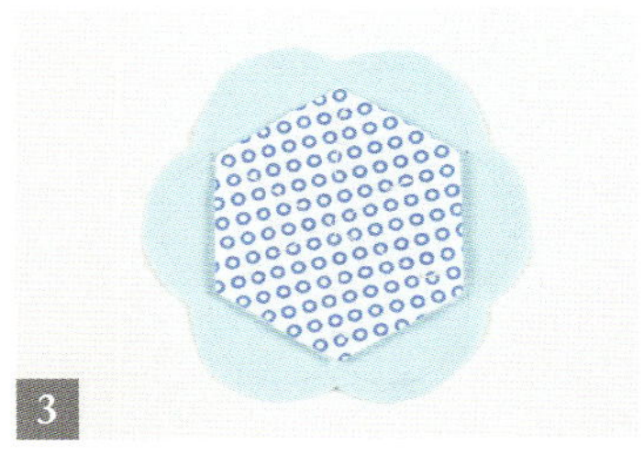

3

台布の裏の中心に飾り布を重ね、しつけをかけます。スカラップ部分をまつることを考えて、端までしつけをかけないように。

4

台布の出来上がり線のカーブをへらやキルト用ルレットでなぞって印を付けます。この工程はなくてもかまいませんが、縫い代を折り込みやすくなります。

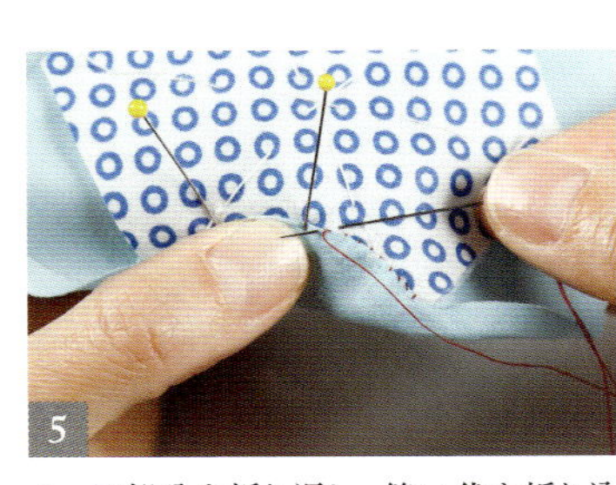

5

カーブ部分を折り返し、縫い代を折り込みながらまち針で留めます。たてまつりで縫います。

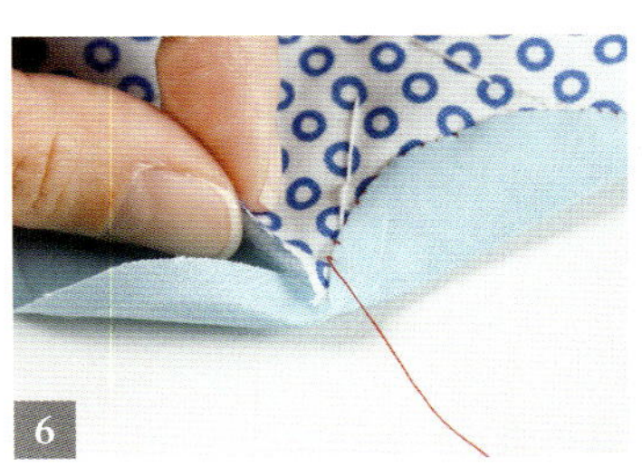

6

角の手前で針を止め、次のカーブの始まりを飾り布の下に折り込みます。折り込まずに、角に切り込みを入れる方法でもかまいません。

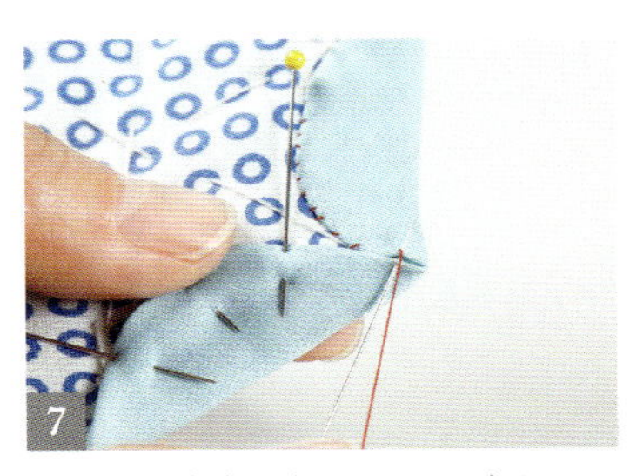

7

角は少し手前で次のカーブと合わせてかがります。

8

そのまま次のカーブをまつります。

9

すべてのカーブがまつれました。このままでもかまいませんが、キルティングをします。

10

カーブのきわに落としキルティングをする、または角を対角線で結んでキルティングをします。

11

これを必要枚数作ります。つなぐときは、2枚を中表に合わせて細かく巻きかがりをします。

六角形のスカラップキルト簡単バージョン

6ページの作品の方法です。六角形の接着キルト綿と飾り布は9ページの基本と同じですが、台布を正円で用意します。

接着キルト綿と飾り布を接着します。普通のキルト綿を使ってもかまいません。

好みのキルティングをします。キルティングはミシン縫いでも手縫いでもOKです。

台布の周囲をぐし縫いし、引き絞ります。ここでは1本取りで縫っていますが、糸が切れるのが心配な場合は2本取りに。

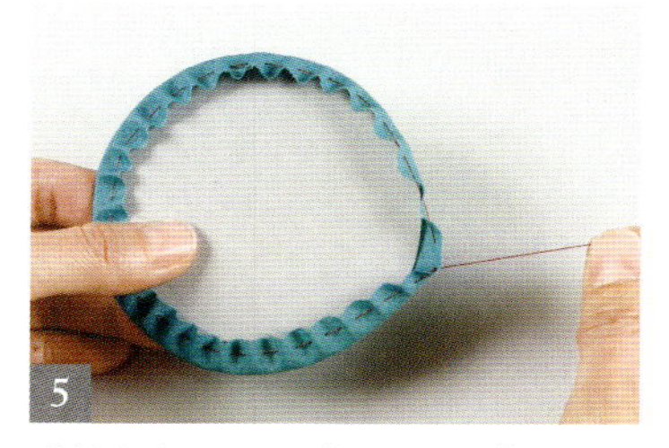

型紙を入れてぐし縫いを引き絞ります。アイロンで押さえてしっかりと形を作り、型紙をぬきます。

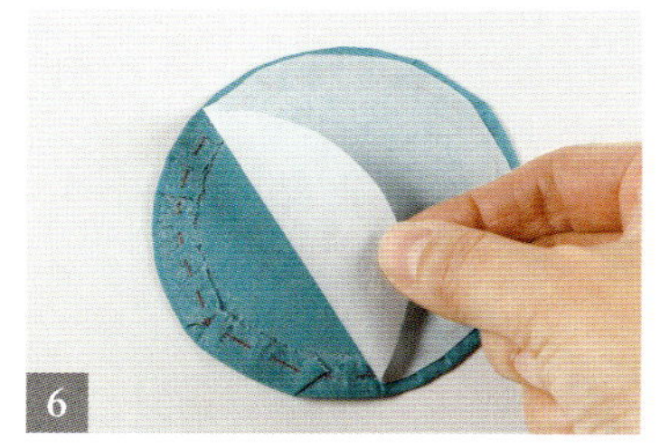

引き絞った台布よりも少し小さなサイズにカットした両面接着シートをはります。

飾り布を中心に重ねます。

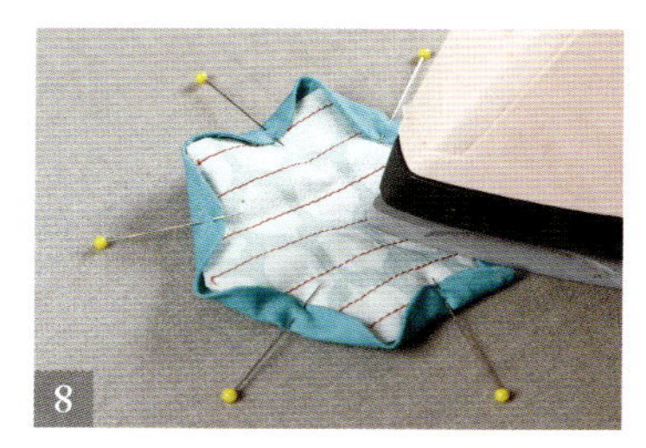

飾り布に台布のカーブを折り返し、まち針で留めてアイロンで接着します。しっかりと付かなくても、仮留め程度でかまいません。

まち針をはずします。両面接着シートで、折り返し部分も接着できました。縫い代を折り込む手間が省けます。

カーブの部分をまつります。あとは定番のスカラップと同じです。

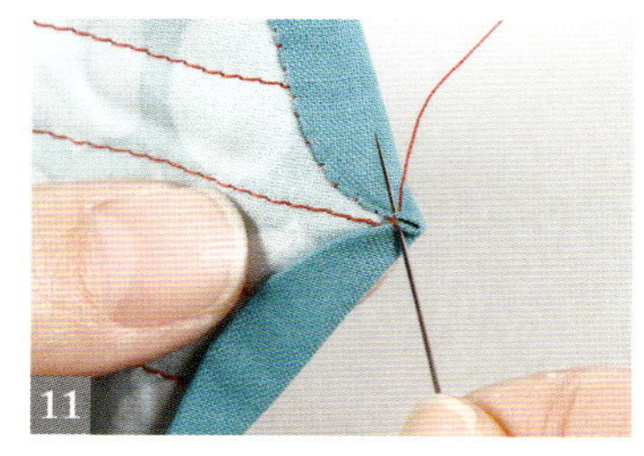

角では手前で針を止め、次のカーブと合わせてかがります。

すべてまつったら完成です。カーブ部分がなだらかな形になります。しつけをかける、縫い代を折り込む手間がない分、簡単にできます。

スカラップ飾りの作り方

縫い代を付けてスカラップの形に2枚カットします。ゆるやかなスカラップの形のほうがきれいに仕上がります。

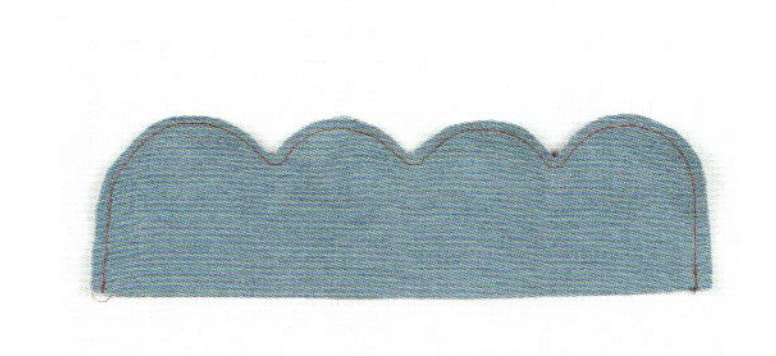

2枚を中表に合わせて縫います。へこみ部分に少し余裕をもたしておくと表に返したときにつれる心配が減ります。

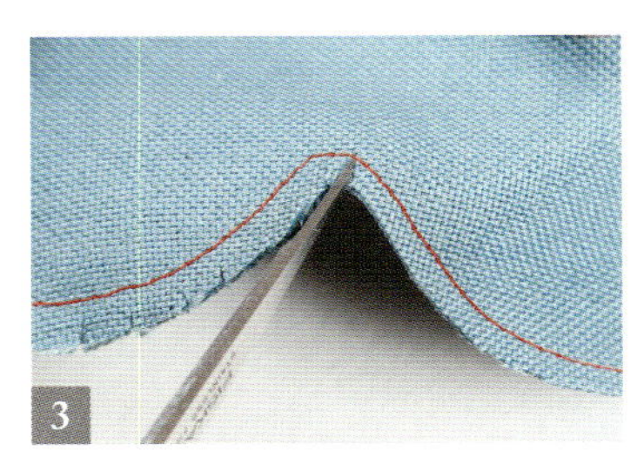

縫い代に切り込みを入れます。縫い目のきわまで入れずに、少し残すくらいに。

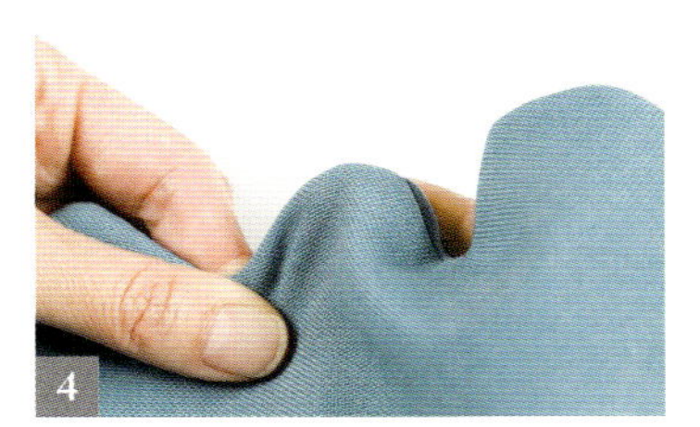

表に返します。内側から指などを入れてカーブとへこみ部分をしっかりと出し、きれいに整えます。

アイロンをかけて整えたら完成です。

スカラップの立体花の作り方

同じサイズの正円を4枚用意します。

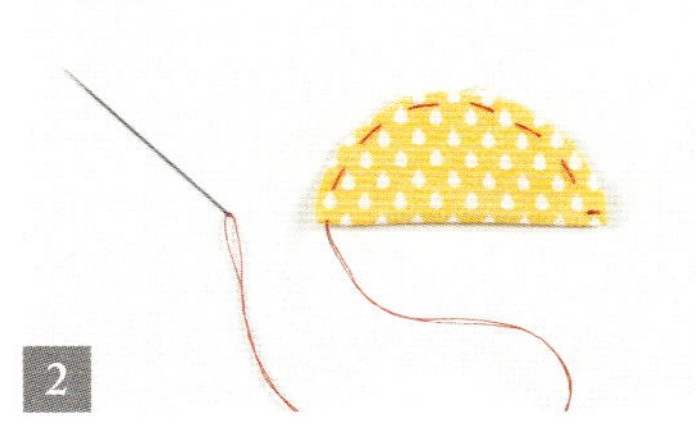

正円を外表に半分に折り、カーブ側を0.3cmの縫い代でぐし縫いします。針目の大きさは0.8cmほど、糸は2本取りです。

糸を切らずに、2枚目も同様に縫います。

4枚すべてを縫ってつなげました。最後は最初の針目から針を出します。針を出す向きも同じにします。

ぐし縫いを引き絞ります。カーブ部分にギャザーが寄り、丸い花びらになります。

縁を内側に向けて、花びらの形を整えます。ひだの間で玉止めをして糸をカットします。花が完成しました。中心にボタンやつつみボタンを付けて縫い代を隠します。

YO-YO

ヨーヨーキルト

ふんわりとした丸い形がかわいいヨーヨーキルトは、気軽に作れて簡単に楽しめる人気モチーフです。正円から作る方法と長方形から作る方法があります。ストライプなどのプリントを使うと、引き絞ったときの柄の見え方の変化を楽しめます。

ヨーヨーの花束のバッグ

モノトーンをベースに青と緑をプラスして、かわいい雰囲気のヨーヨーキルトをシックに仕上げました。色数を絞ると子供っぽくなりません。

30×25cm　嵯峨暁子　作り方 ▶ **72page**

花いっぱいのポーチ

ところどころにオーガンジーのヨーヨーキルトを入れると、
ふわっと軽く見えるのがポイント。中心を小さなボタン
にするかステッチにするかはお好みで。

15×17.5cm　嵯峨暁子　作り方 ▶ **70 page**

正円から作る

作りたいヨーヨーキルトの直径の2倍に、0.5cm（両側で1cm）の縫い代を付けた直径で、正円にカットします。

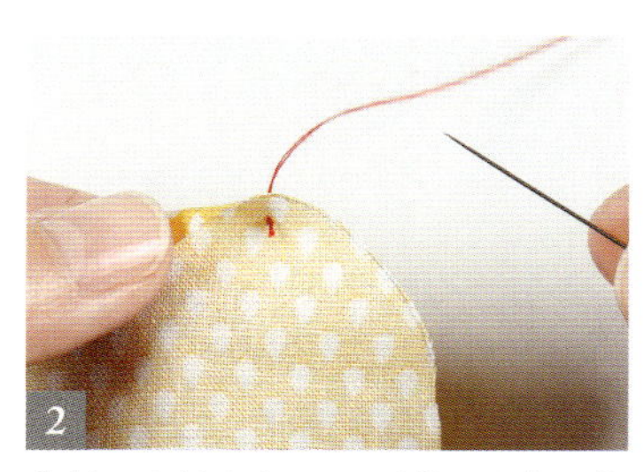

裏側から針を入れ、玉結びを縫い代の下に隠します。糸は2本取りにすると、引き絞ったときに切れずに安心です。

縫い代0.5cmを折りながら、0.5〜1cmの大きな針目で均等にぐし縫いします。折り目のきわを縫います。

一周縫ったら最初の針目から針を出します。針の出る向きも同じになるように、数針前から調整します。

ぐし縫いを引き絞ります。ひだを整えながら少しずつ引き絞って正円にします。穴は小さく中心にくるようにします。

ひだの間で玉止めをします。後ろに針を出して糸を引き、玉止めを隠して糸を切ります。完成です。

長方形から作る

作りたい直径に0.5cm縫い代を足したサイズが縦、作りたい直径×3.14（円周率）に縫い代を足したサイズが横になります。

中表に二つ折りして縫います。縫い代は0.5cmで、縫い始めと縫い終わりは返し縫いをします。

上下の縫い代0.5cmをそれぞれ折り、しっかりとクセを付けます。外表に二つ折りして布端をそろえ、細いリング状にします。

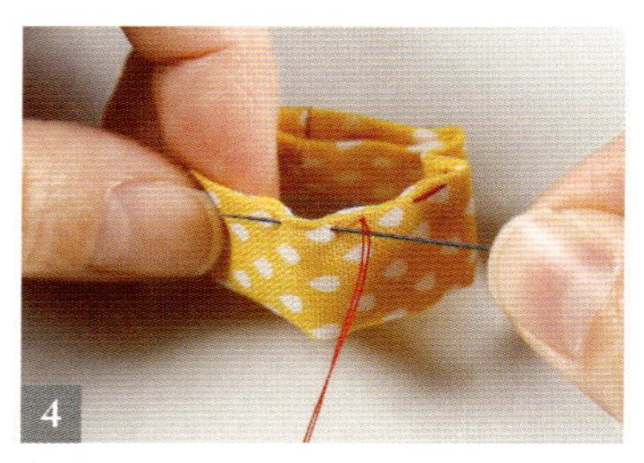

布端側を大きな針目でぐし縫いします。厚みがあるので、糸は2本取りにしておくと引き絞ったときに切れずに安心です。

一周縫ったら最初の針目から、針を出す向きもそろえて針を出します。ぐし縫いを引き絞ります。

布に厚みがあるので、しっかりと引き絞り、ひだの間で玉止めします。両側にひだが寄った表裏のない仕上がりになります。

ファスナー飾りの楽しみ方

せっかくなのでファスナーにも飾りを付けてみませんか。引っぱる部分が大きくなるので、引き手だけのときよりもファスナーがあけやすくなります。本体と共布を使うか、色と雰囲気を合わせたリボンやテープを使っています。

6ページのポーチinポーチは、長めにカットしたじゃばらテープにボタンを付けて。

6ページのティッシュケース付きポーチは、リボンを引き手に通して折りたたみ、ボタンではさんだ仕様。

17ページのぺたんこパフのポーチは、共布でテープを作り、引き手に通してひと結び。ボタンももちろん赤で。

24ページのかご模様のポーチは、フェルトとレザーでタッセルに。ファスナーの引き手ではなく、脇に付けています。切り込みを入れてくるくる巻くだけなので簡単なのにかっこいいタッセルが作れます。

54ページのつつみボタンのポーチは、本体の厚手でざっくりとした質感の布に合わせて、テープも厚みのある織りタイプを。ボタンやファスナーの付け方もひと工夫しています。

55ページのボタンのミニバッグは、黒×きなりで本体と色を合わせて。本体がシンプルなボーダーなので、逆にリボンはかわいい柄をチョイス。

PUFF

パフ

パフとは、ふわっと軽くふくらんだもののことをさします。丸くふくらんだ袖のパフスリーブやクリームパフ（シュークリーム）などを思い浮かべてみてください。布のパフは、台布よりも表布を大きくカットし、タックを寄せてふんわりとさせたモチーフです。ふんわりパフと、ぺたんこパフの 2 種類があります。

ぺたんこパフのミニバッグ

前は全面にパフをつなぎ、後ろは合皮にパフのポケットを付けました。光沢のある布にコットンパールの大きめビーズ、合皮を使うことできちんと感とエレガントさが出ます。

24×24cm　原泰子　作り方 ▶ **76page**

ぺたんこパフのポーチ

折り紙のようにきれいに折りたたんだパフです。ストライプを使うと、縞の方向が変わって迷路のようなおもしろい効果が生まれます。

12×20cm　原泰子　作り方 ▶ **74page**

作り方とパフのサイズは上下ともまったく同じです。下は中に綿を詰めてもこもこに、上はタックのくしゃくしゃを楽しむように綿を詰めていません。どちらも手触りは最高です。

大 30×30cm　小 24×24cm　山本さくら　作り方 ▶ **73 page**

ふんわりパフのクッション

ぺたんこパフの作り方２種類

●台布なしタイプ

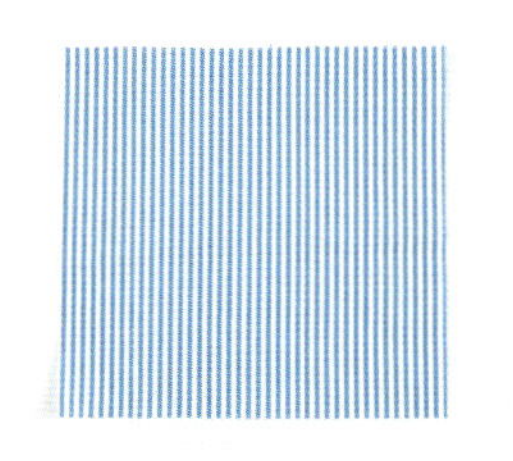

タックの印を付け、表布のみ用意します。小物や厚みを出したくない場合は台布をなしにすると、縫いやすいです。

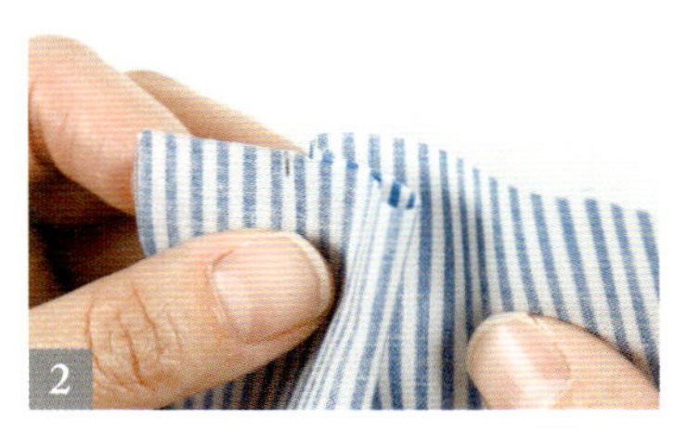

印を合わせてタックをとり、まち針で留めます。

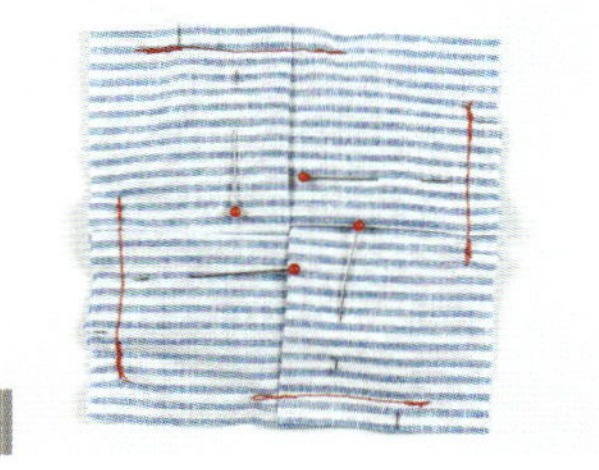

タック部分をしつけで仮留めします。針目を大きくしてミシン縫いしてもOK。タックを折りたたみ、中心もまち針かしつけで留めます。

裏側に型紙を乗せ、出来上がり線の印を付けます。

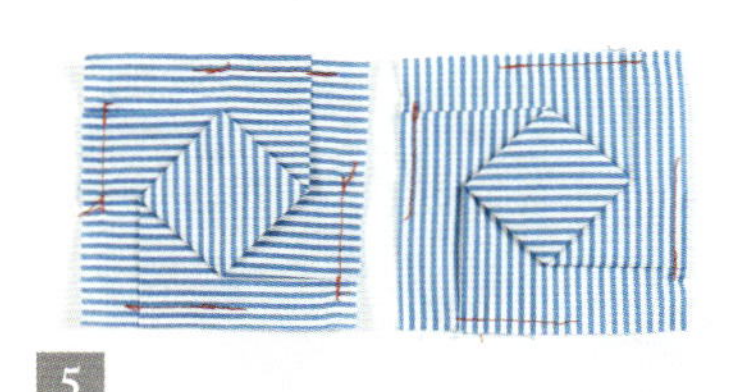

これを必要枚数作ります。

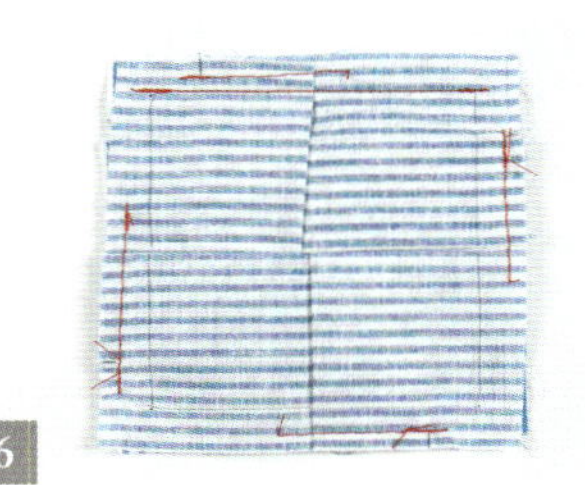

つなぐときは、2枚を中表に出来上がり線の印を合わせて縫います。

広げるとこのようになります。好きな枚数つなぎます。ストライプの場合は、縞の向きも考えて縫い合わせます。

好みでパフの中心にボタンを付けます。ボタンではなくステッチなどでも、また少し布は浮きますが付けなくてもかまいません。

●台布ありタイプ

表布と台布（右）を用意します。表布にはタックの印を付けます。

表布と台布を外表に合わせ、表布にタックをとってまち針で留めます。表布と台布が同じサイズになります。

周囲にしつけをかけてパフをきれいにたたみます。あとは台布を付けないタイプと同じ作り方です。

ふんわりパフの作り方2種類

●ぐし縫い仕立てタイプ

表布と台布（右）を用意します。表布はタックをとるので台布の約2倍のサイズが目安です。ふんわりさせたい加減によって表布のサイズが変わります。

表に印を付けます。表布と台布を外表に重ね、両端と中心の印を合わせてまち針で留めます。

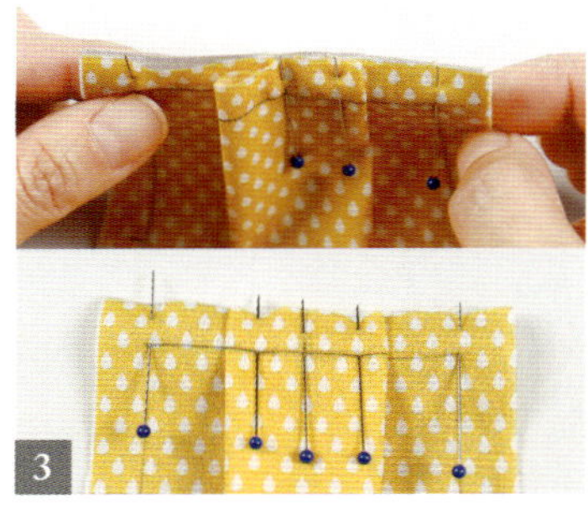

中心の左右の布をそれぞれ折りたたみ、タックをとります。まち針で留めます。

縫い代にしつけをかけ、まち針をはずします。

同様にして4辺すべてにタックをとり、周囲にしつけをかけます。

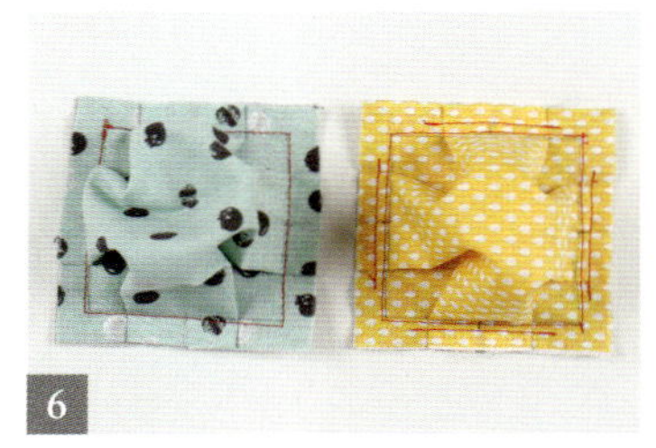

これを必要枚数作ります。

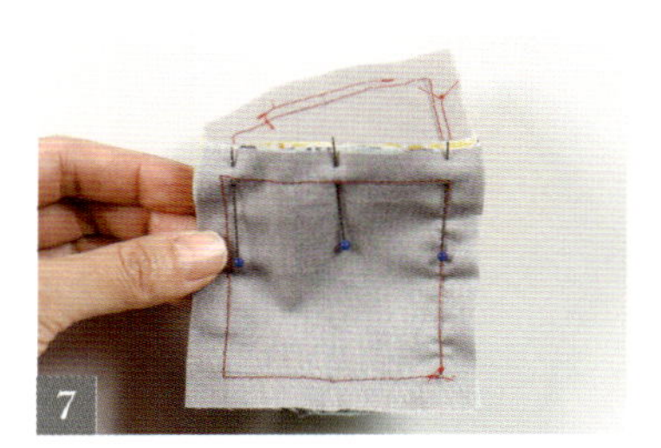

パフ同士をつなぎます。2枚を中表に出来上がりの印を合わせてまち針で留め、縫います。ふくらんだ布を縫い込まないように注意。

必要枚数つなぎます。縫い代は厚みが出ないように割ります。

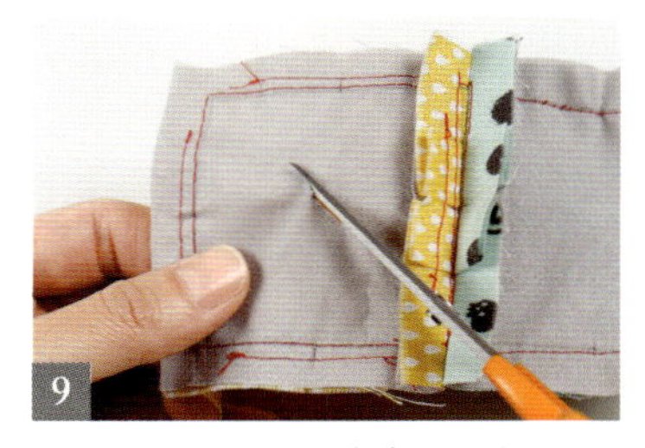

すべてつないだら、台布の中心に切り込みを入れます。布目にバイヤスになるように綿が詰めやすい長さだけ切ります。

切り込みから綿を詰めます。ピンセットやペンの先などを使うと詰めやすいです。詰める量は好みでかまいませんが、均等になるように。

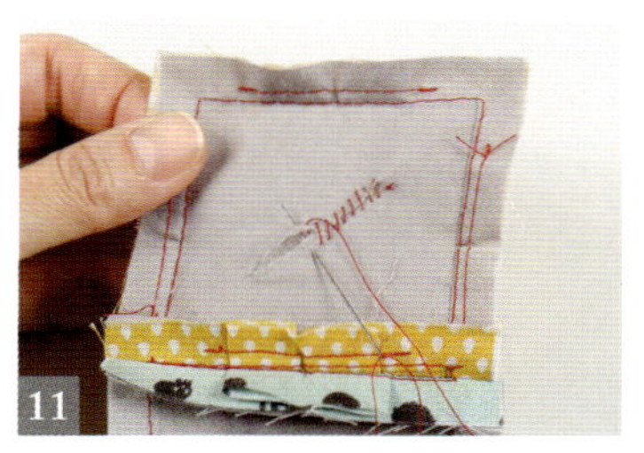

切り込みをとじて、かがります。すべてのパフに綿を詰めれば完成です。

綿を詰めるのは必ず必要枚数をつないでから、さらに場合によりますが仕立ててからです。綿を先に詰めると、縫いにくくなります。

巻きかがり仕立てタイプ

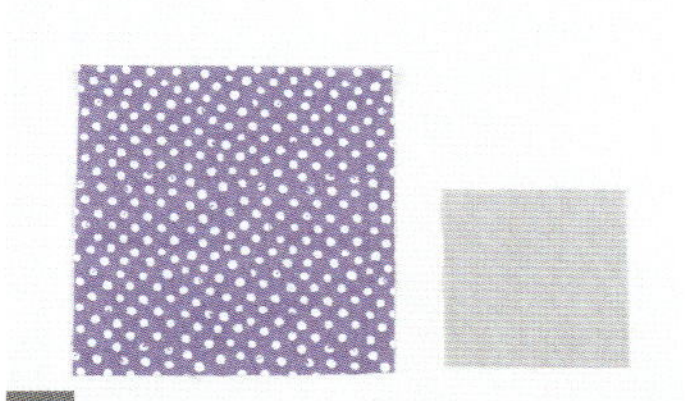

表布と台布（右）を用意します。ぐし縫い仕立てタイプとサイズは同じですが、布の裏に印を付けます。

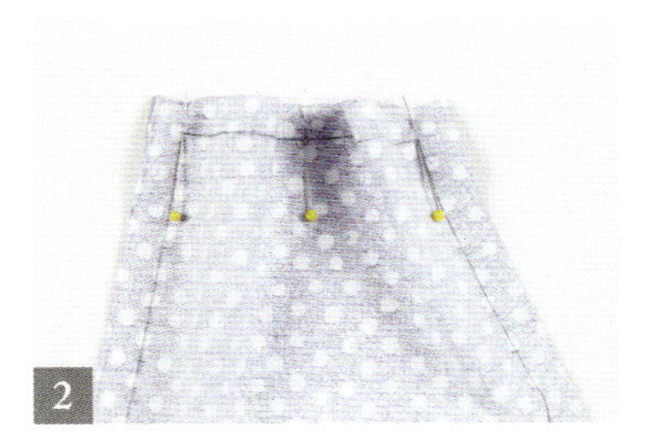

表布と台布を中表に重ね、両端と中心の印を合わせてまち針で留めます。

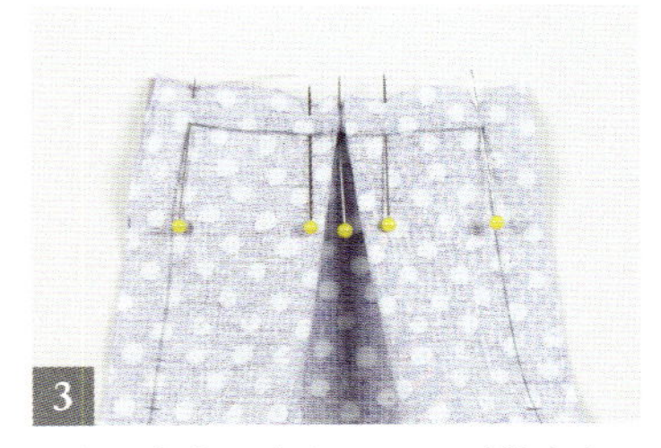

中心の左右の布をそれぞれ折りたたみ、タックをとります。まち針で留めます。このときぐし縫いタイプとは反対の向きにタックをとります。

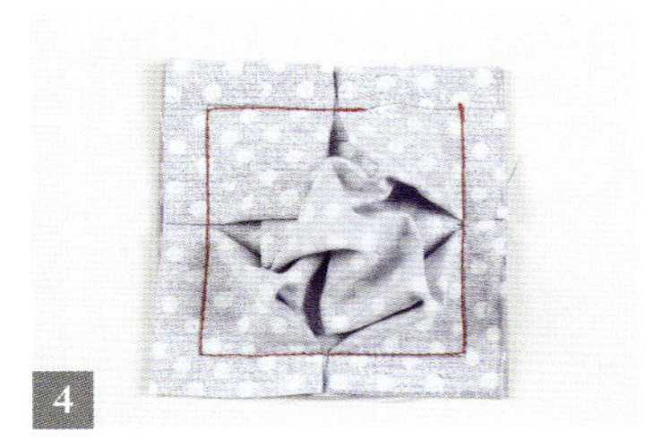

同様にして4辺すべてにタックをとり、返し口を残して周囲を縫います。

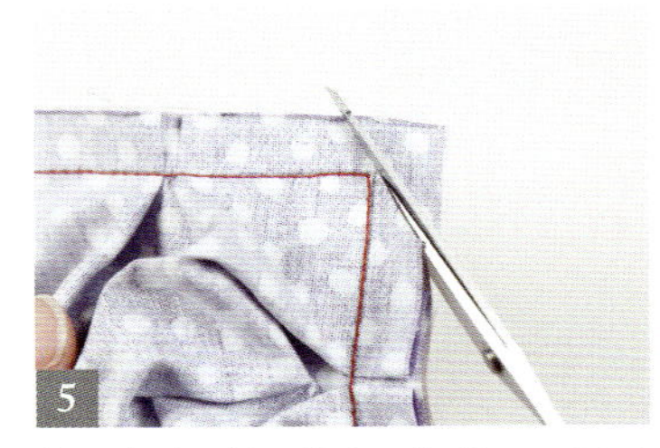

角の余分な縫い代を三角形にカットします。

返し口から表に返します。ぐし縫いタイプと同じ形ですが、縫い代が内側に入っています。

返し口から綿を詰めます。綿の詰め具合はお好みで。

返し口の縫い代を整え、コの字とじで縫ってとじます。

これを必要枚数作ります。これだけでももこもこしてピンクッションになりそうです。

パフ同士をつなぎます。2つを中表に合わせて持ち、台布のみを細かく巻きかがりをします。

完成です。返し口を台布に切り込みを入れて作ってもかまいません。その場合、表に返して必要枚数を巻きかがりでつないでから、最後に綿を詰めると楽です。

タックのとり方いろいろ

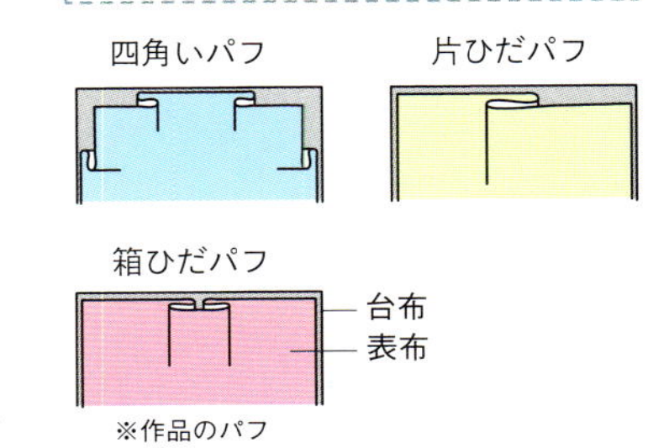

タックのとり方でパフの形が変わるので、いろいろ試して楽しんでください。

SMOCKING

スモッキング

刺繍のテクニックのひとつ。布を規則正しくステッチすることで、ひだが模様のようになりボリュームと飾りが一度にできます。よく女の子のワンピースなどに使われていて、そのかわいらしさで目を引きます。とても複雑そうに見えますが、ステッチのしかたはとても単純。大事なのは、正しく印を付けてステッチをすることです。無地の布を使う場合は印付けが必要ですが、水玉やチェックの布を使えばプリントを目安にステッチすることができて簡単です。

ハニコムスモッキングのクッション

ハニコム（ハニカム）とは蜂の巣のこと。白地に細い格子地を使い、2段ごとにステッチの糸を変えて色で遊びました。スモッキング部分が引き立つように、周囲に額縁のように布を多めに付けて。

47×47cm　石川さちこ　作り方 ▶ 78page

円のスモッキングバッグ

花や花火のようにも見えるスモッキングです。長方形の布を輪に縫い、間隔を変えて同じようにスモッキングするだけで円になります。バッグ自体はシンプルにすることで、スモッキングの飾りが引き立ちます。

38×28cm　石川さちこ　作り方 ▶ **80page**

かご模様のポーチ

カナディアンスモッキングでかご模様を作ります。しっとりとしたツヤのあるサテン地を使い、ワンランクアップのポーチに。カナディアンスモッキングにははりのある布が向いています。

18×25cm　石川さちこ　作り方 ▶ **82page**

正方形とひし形が組み合わさった模様が宝石箱のようにも見えます。薄手のウール地を使ったので、ふんわりとした立体感がきれいです。しっかりボリュームがあるので、バッグのデザインはシンプルに。

32×27cm　石川さちこ　作り方 ▶ **84page**

カナディアンスモッキングバッグ

ハニコムスモッキングのしかた

布の周囲にほつれ止めのジグザグミシンをかけておきます。

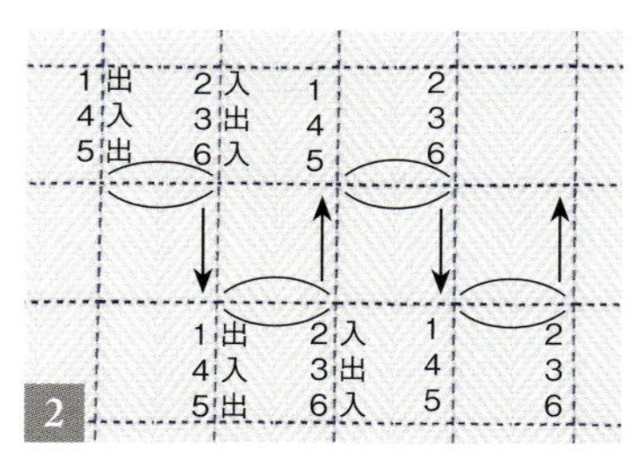

表を見ながら、数字の順番にジグザグにスモッキングをします。

格子を目印にステッチをします。玉結びをして格子の角に針を出し、右横の角をひと針すくいます。

左の角に戻ってひと針すくい、糸をしっかり引きます。

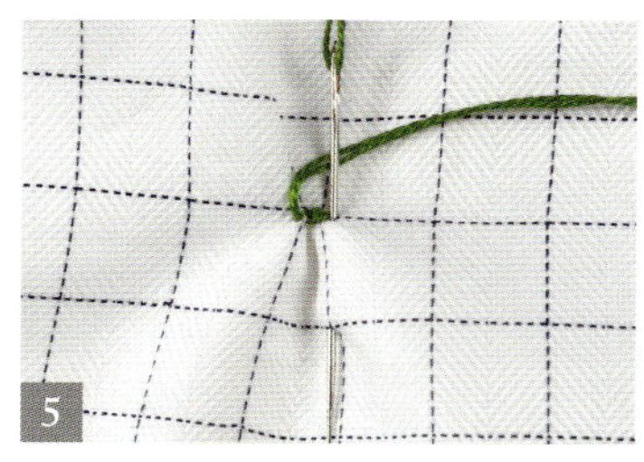

右の角に針を入れて2段目の角に針を出します。

3と4をくり返します。2段目の右の角をひと針すくいます。

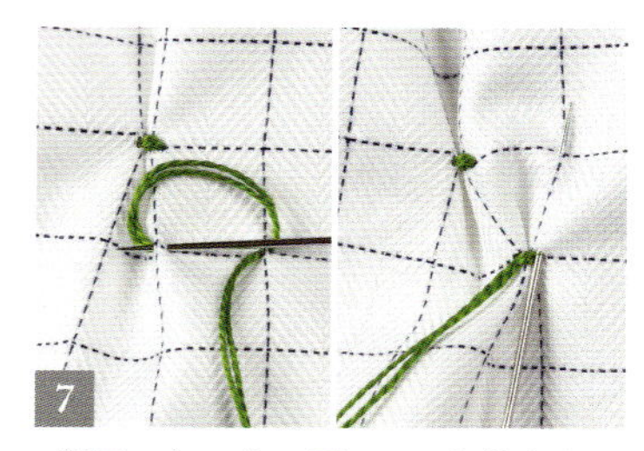

2段目の左の角に戻ってひと針すくい、糸をしっかり引きます。右の角に針を入れて1段目の3つ目の角に針を出します。

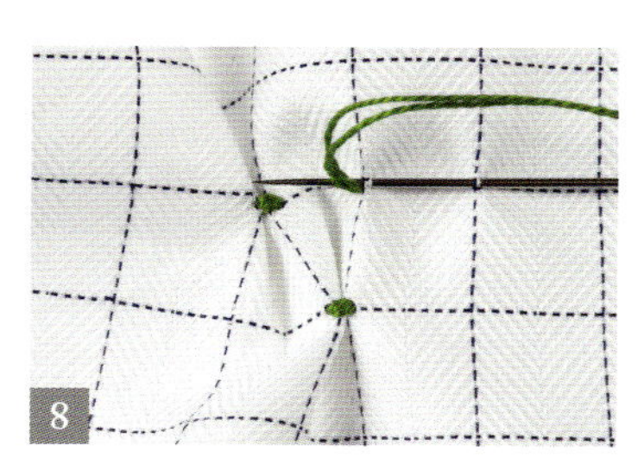

1段目、2段目と同じようにくり返します。

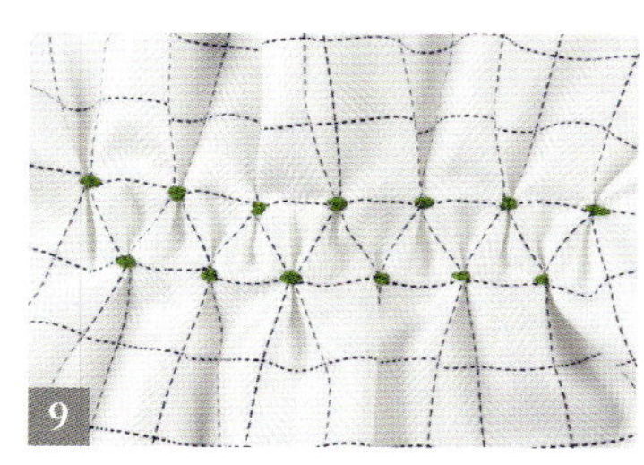

端まで縫ったら玉止めをします。

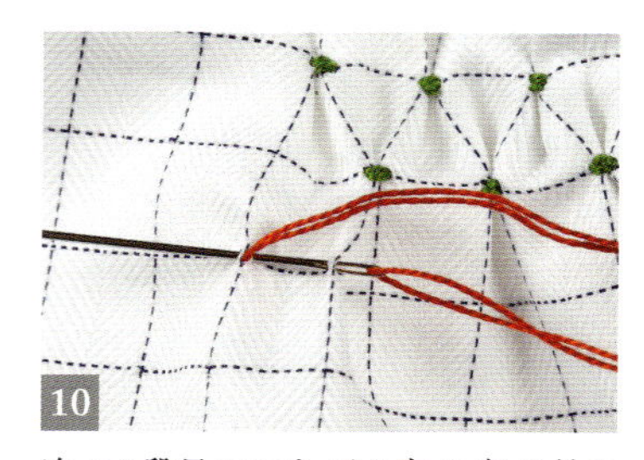

次に3段目のいちばん左の角に針を出し、同様に右の角、左の角を順にひと針すくいます。右の角に針を入れて、次は4段目へ。

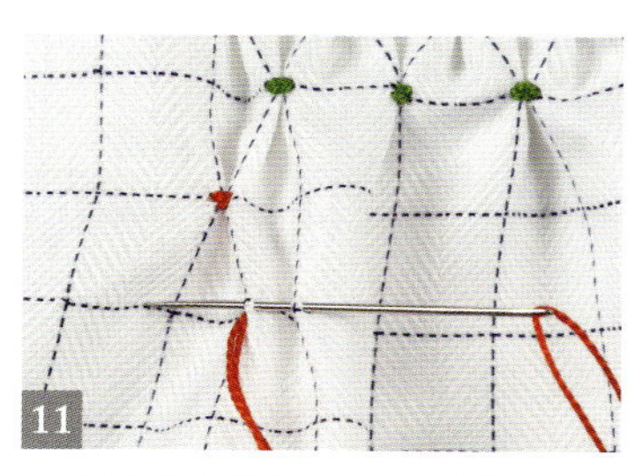

4段目の角に針を出し、右の角、左の角の順にすくってくり返します。

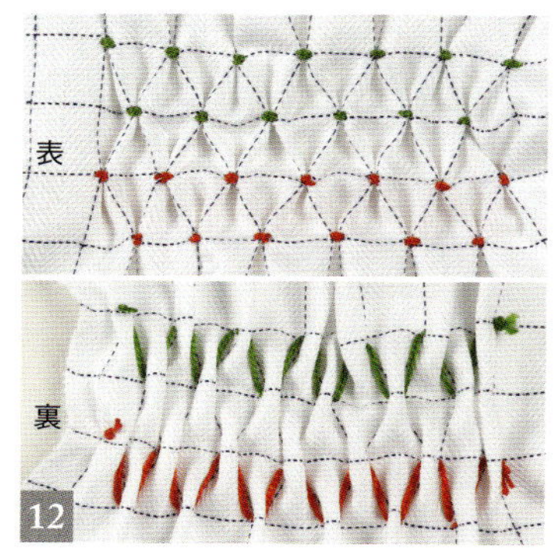

あとは同じステッチのくり返しです。

ダイヤモンドスモッキングのしかた

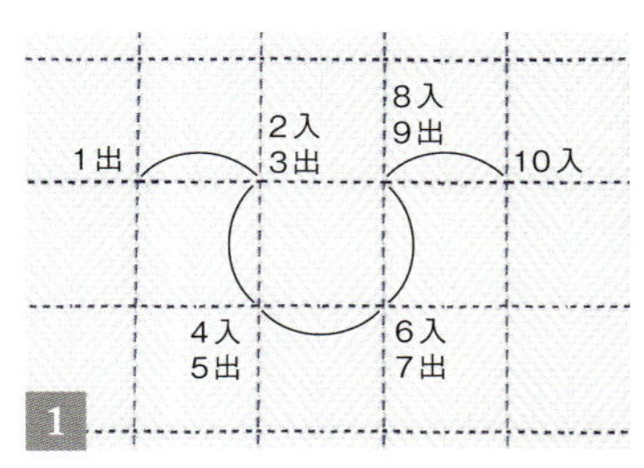

表を見ながら、数字の順番にジグザグにスモッキングをします。

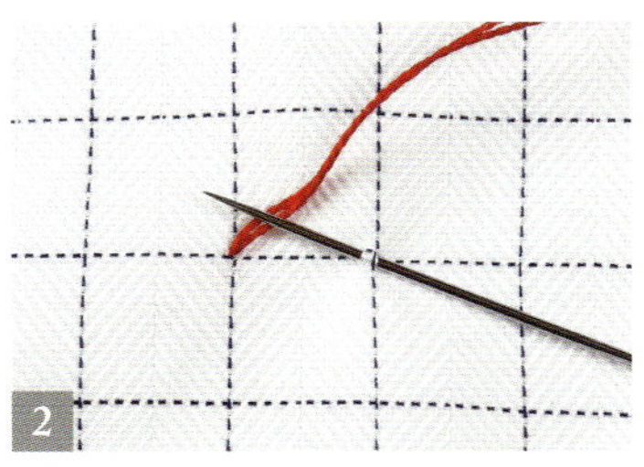

玉結びをして角に針を出し、右の角をひと針すくいます。

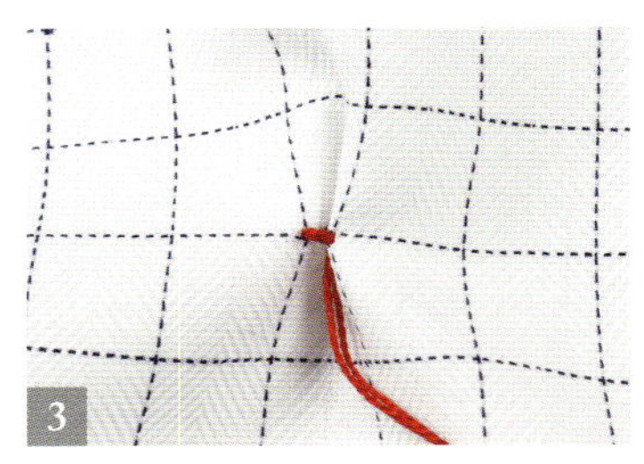

そのまま糸を引き、左の角と右の角を合わせます。

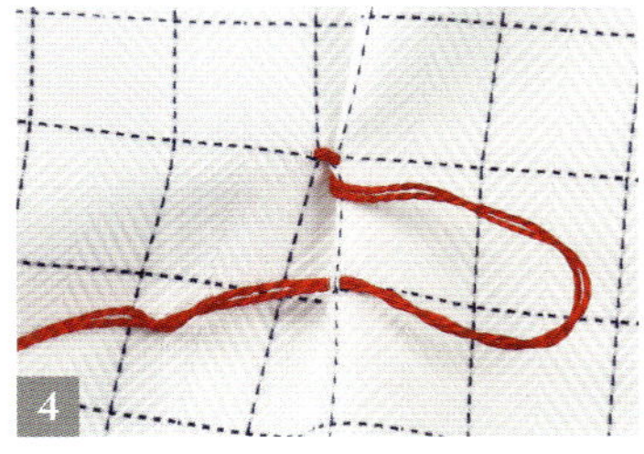

そのまま下に糸を渡して、2段目の角をひと針すくいます。

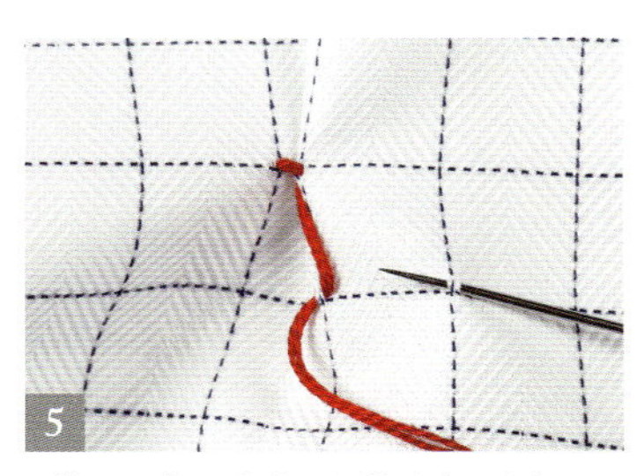

2段目の右の角をひと針すくいます。

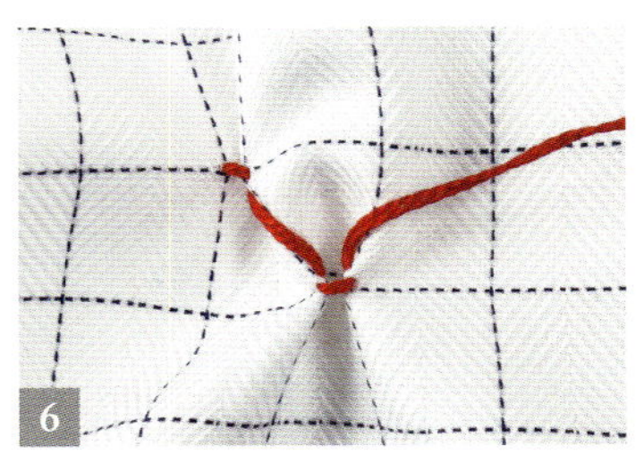

1段目と同様に糸を引きます。

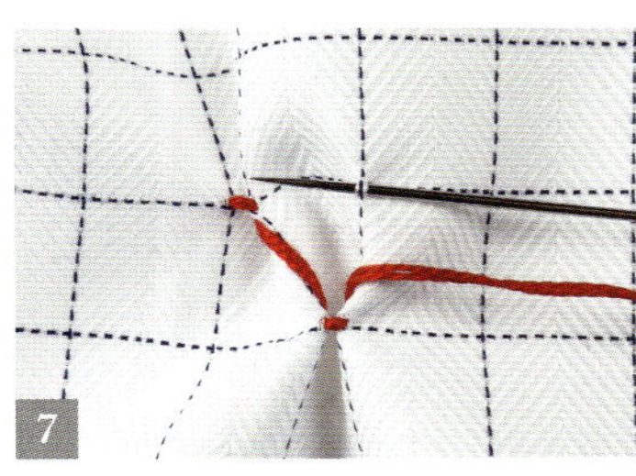

上に糸を渡して1段目に戻り、3つ目の角をひと針すくいます。

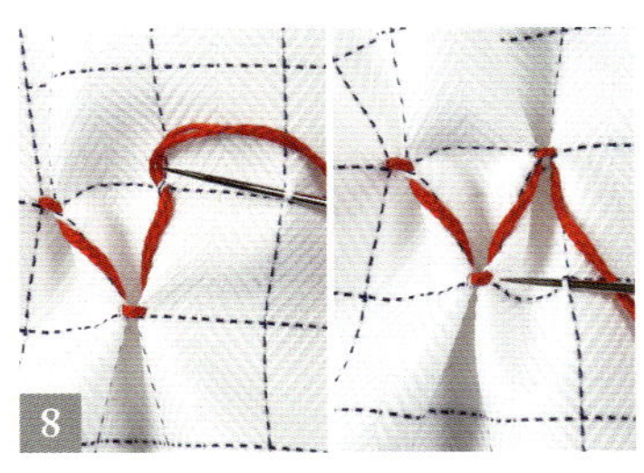

右の角をひと針すくいます。針を出して隣の角をひと針すくうという手順です。これをくり返します。

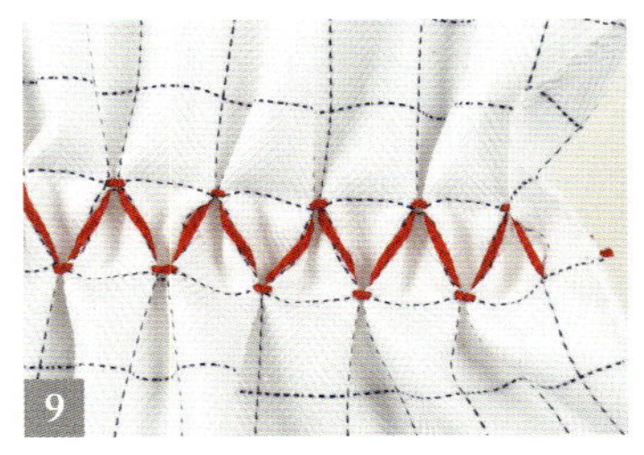

端まで縫ったら裏で玉止めをします。3、4段目も同じ手順をくり返します。

針と糸

刺繍糸は、太さもちょうどよく丈夫な8番刺繍糸がそのまま使えて便利です。25番を使う場合は、4本取りにします。針は使う糸に合わせて選びます。今回はフランス刺繍針の3号を使いました。

円のスモッキングのしかた

※作品中央と下のAタイプ

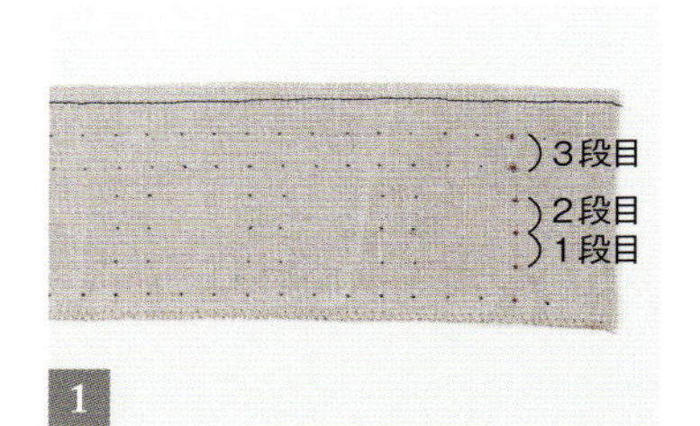

帯状の布にスモッキングの印を付けます。印と印の間は1cmです。円の外側（上）にほつれ止めのミシンステッチ、内側（下）にジグザグミシンをかけます。

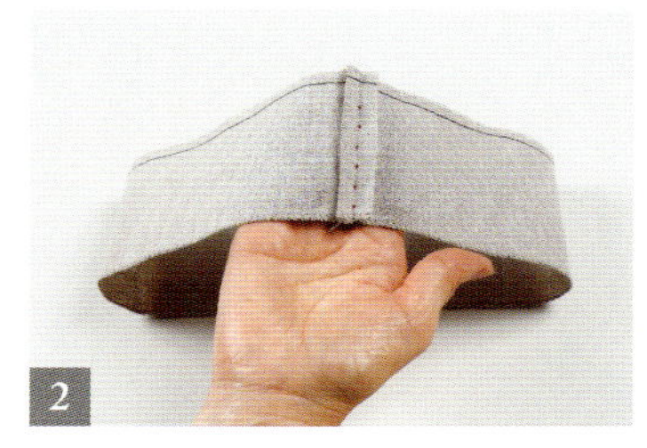

最初と最後の印を中表に合わせて輪に縫い、縫い代を割ります。

接ぎ目の隣の印から始めます。1段目はハニコムスモッキング（26ページ）です。玉止めをして表に針を出し、隣の印をひと針すくい、戻ってひと針すくいます。

糸を引いて印を合わせて針を入れ、下の印に針を出します。

右の印をひと針すくい、左に戻ってひと針すくいます。

これをくり返して、ハニコムスモッキングで一周ステッチします。最後は裏に針を出し、玉止めをします。

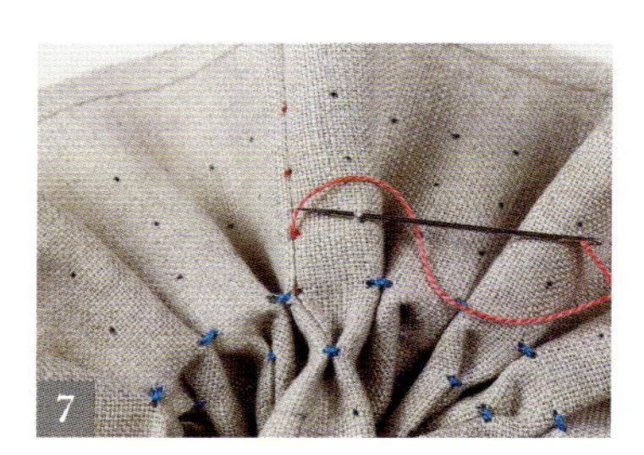

2段目はダイヤモンドスモッキング（27ページ）です。接ぎ目から針を出し、右の印をひと針すくいます。

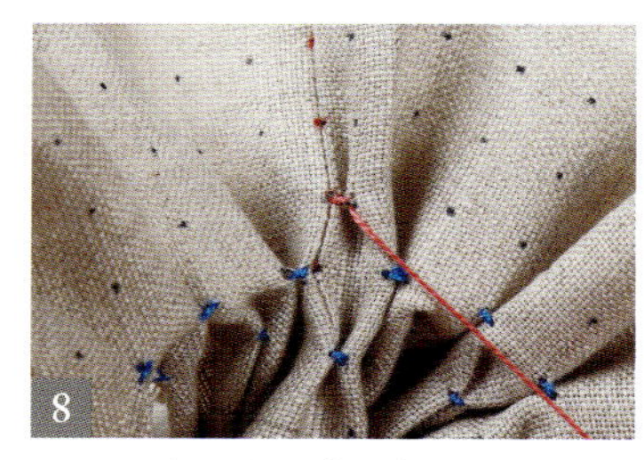

そのまま糸を引き、印を合わせます。

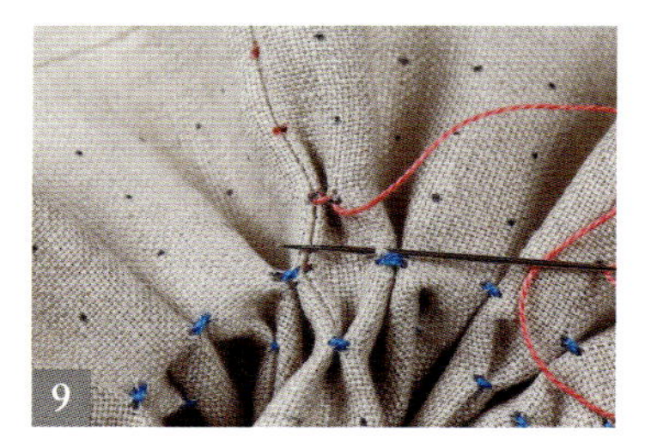

表に糸を渡して下の印をひと針すくいます。1段目のハニコムスモッキングと同じ位置です。

1段目のハニコムスモッキングと同じ位置、隣の印をひと針すくいます。

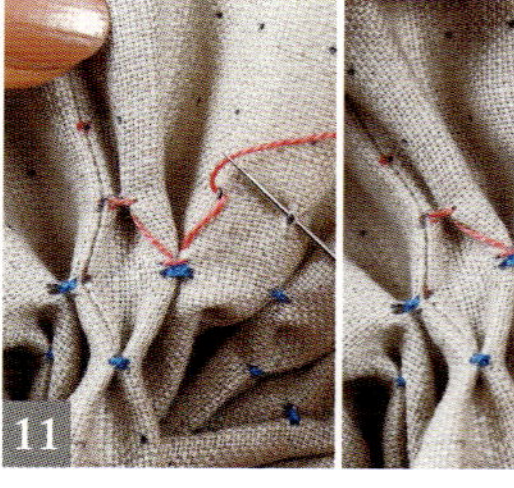

上の印に針を出し、同様にダイヤモンドスモッキングをくり返します。

一周したら最初の糸を引いた位置に戻り、裏に針を出して玉止めをします。

13 2段目のダイヤモンドスモッキングまでできました。

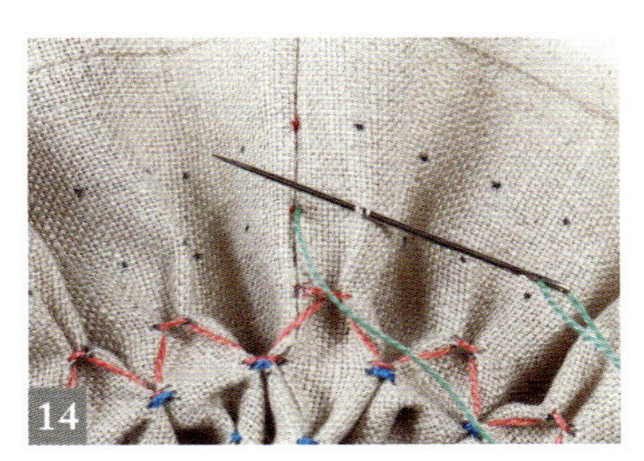

14 3段目もダイヤモンドスモッキングをします。接ぎ目から針を出し、右の印をひと針すくいます。

15 糸を引き、印を合わせます。このとき、次は上の印をすくうので、糸は上に引きます。

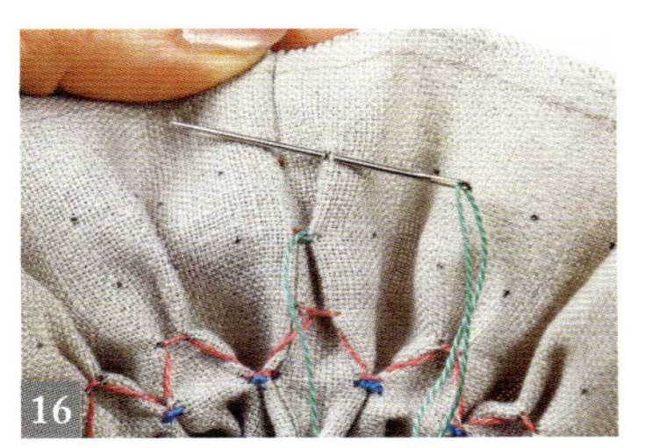

16 上の印に糸を渡してひと針すくいます。

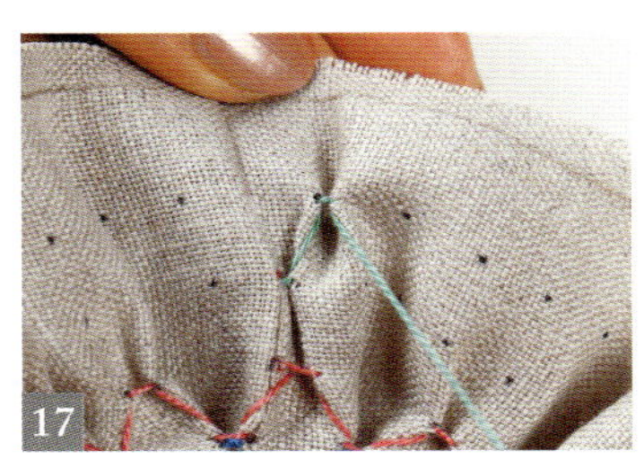

17 糸を引いて印を合わせます。次は下の印をすくいます。

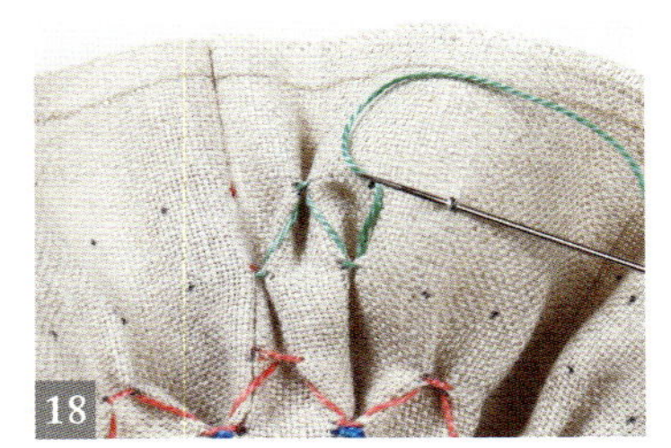

18 これをくり返してダイヤモンドスモッキングで一周します。最後は2段目と同様に、裏に針を出して玉止めをします。

19 スモッキングができました。次に、きれいな形を作るために中心の始末をします。

20 縫い糸2本取りで、いちばん内側の印を接ぎ目からひと針すくいます。

21 印でひと針すくいながら一周します。

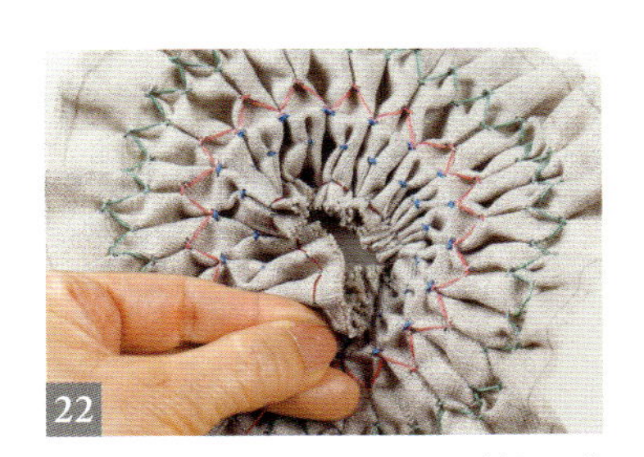

22 一周縫えたら糸をしっかり引き絞り、形を整えます。玉止めをして完成です。

23 正円になるように形とひだを整えます。後は中心につつみボタンなどを付けて縫い代を隠します。

24ページの カナディアンスモッキングのしかた

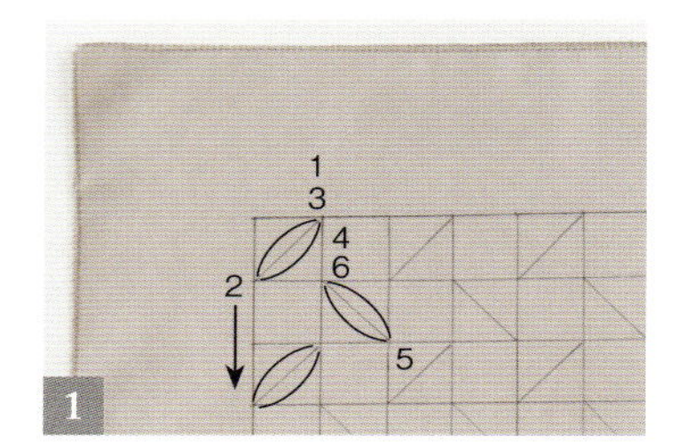

布の裏に2cm格子を書き、格子の中にジグザグに斜めの線を引きます。周囲は5cmほどあけておきます。

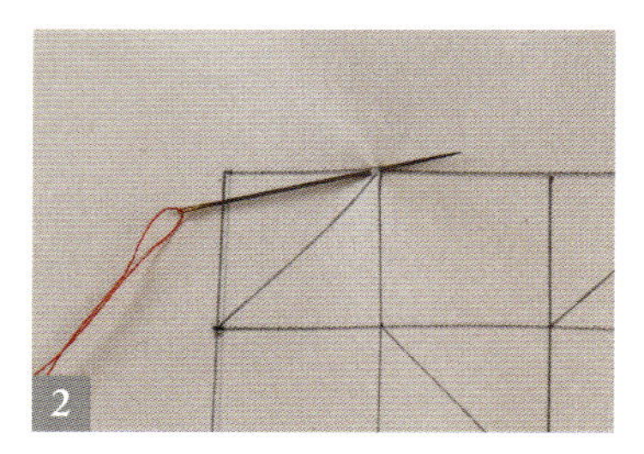

裏を見ながら2本取りの糸でスモッキングをします。格子の右上の角をひと針すくいます。

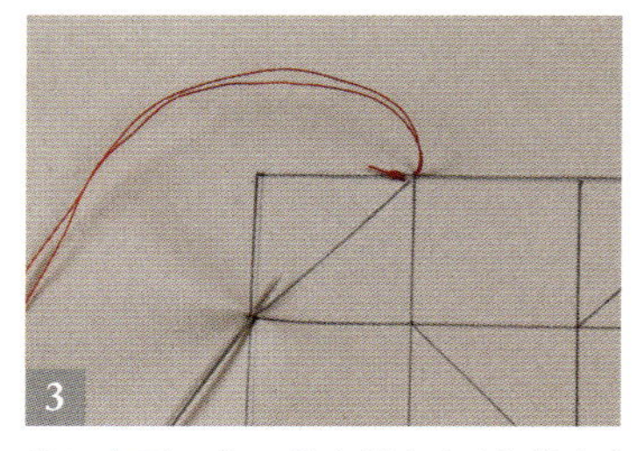

次に左下の角の斜め線上をひと針すくいます。

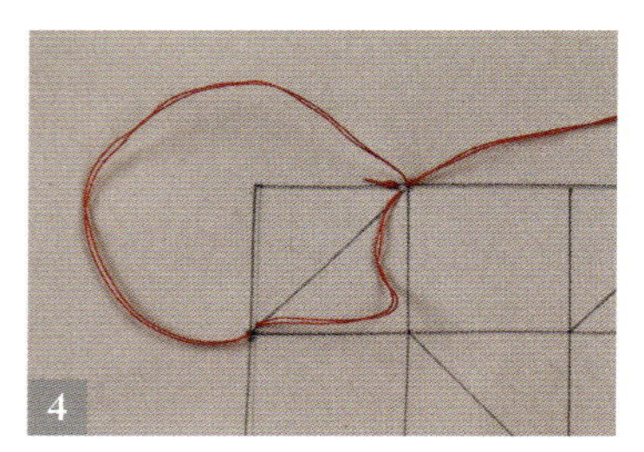

右上の角に戻り、斜め線上をひと針すくいます。

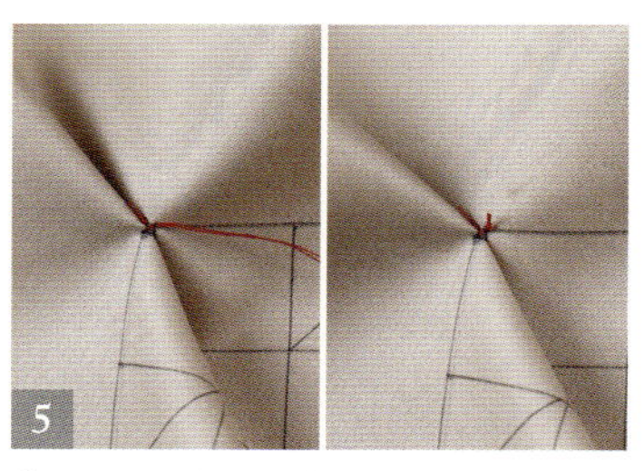

糸を引き、右上と左下の角を合わせます。玉止めをして糸を切ります。

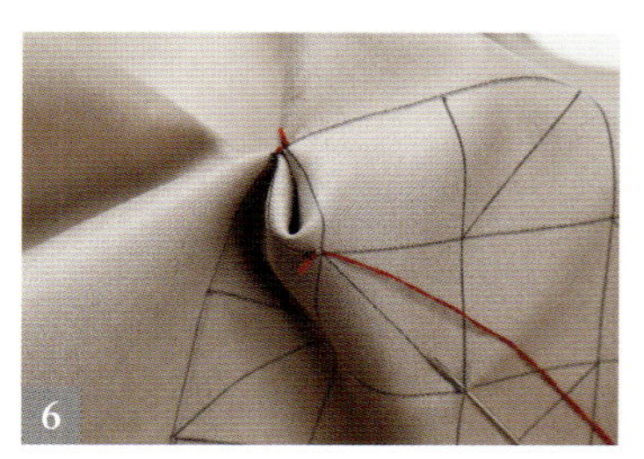

次に玉結びをして右斜め下の格子の左上の角をひと針すくいます。右下の角の斜め線上をひと針すくいます。

左上の角に戻って斜め線上をひと針すくい、糸を引きます。玉止めをして糸を切ります。

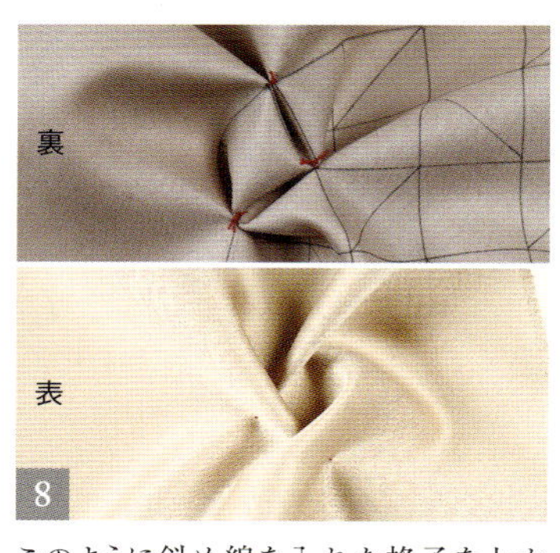

このように斜め線を入れた格子を上から下にジグザグとスモッキングをします。線に沿って斜めの角同士をつまんで縫い合わせることをくり返します。

全体にスモッキングをします。裏は風車のような立体模様ができます。

表はかご模様になっています。スモッキングをする場所を間違えると、規則正しい模様にならないので、格子と斜め線はきちんと入れましょう。

周囲の布をスモッキングに合わせてタックを寄せて折りたたみ、しつけをします。これで完成です。

25ページの カナディアンスモッキングのしかた

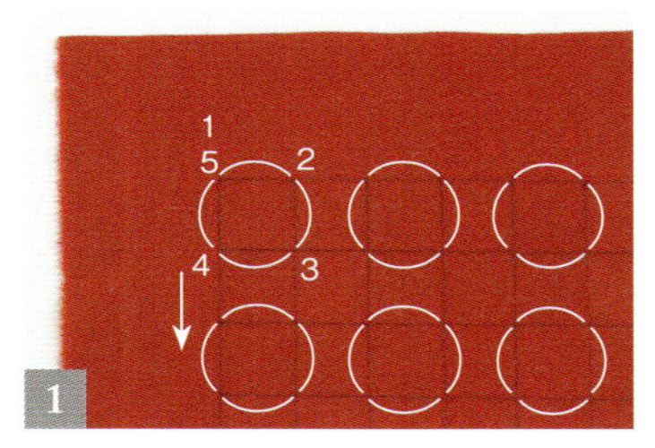

1 布の裏に2.5cm格子を書きます。周囲は5cmほどあけておきます。

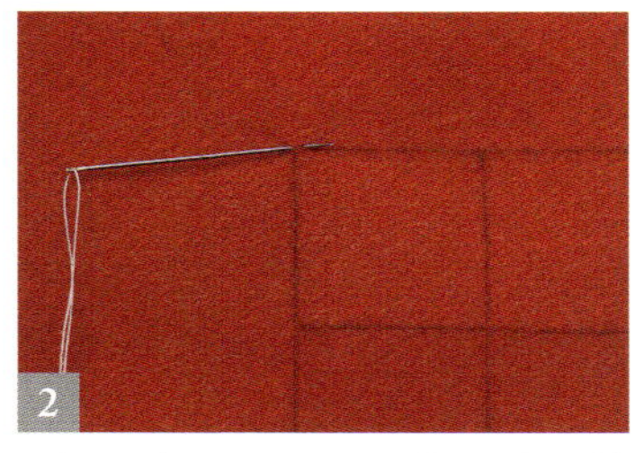

2 ひとつおきにスモッキングをします。最初は左上の格子から。左上の角をひと針すくいます。糸は2本取りです。

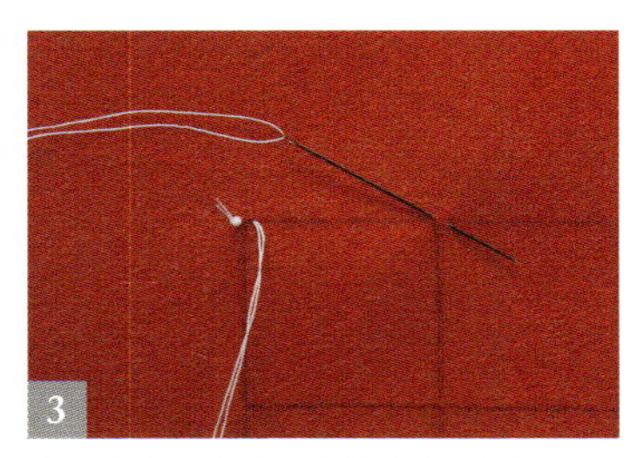

3 次に右上の角をひと針すくいます。

4 次は右下の角、左下の角を順番にひと針すくい、最初の左上の角に戻ってひと針すくいます。角をひと針ずつすくって一周しました。

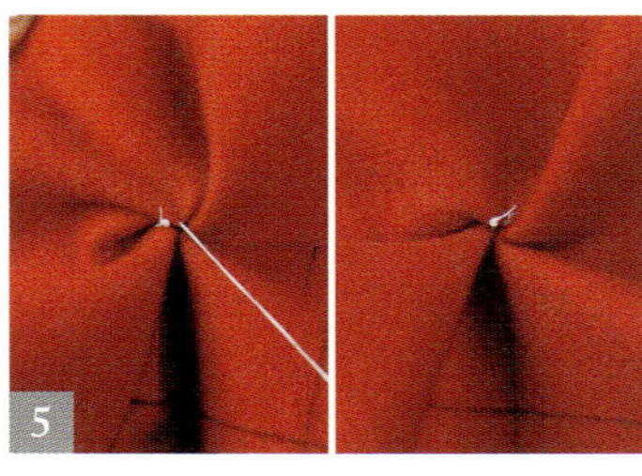

5 糸を引き、4つの角を合わせます。玉止めをして糸を切ります。

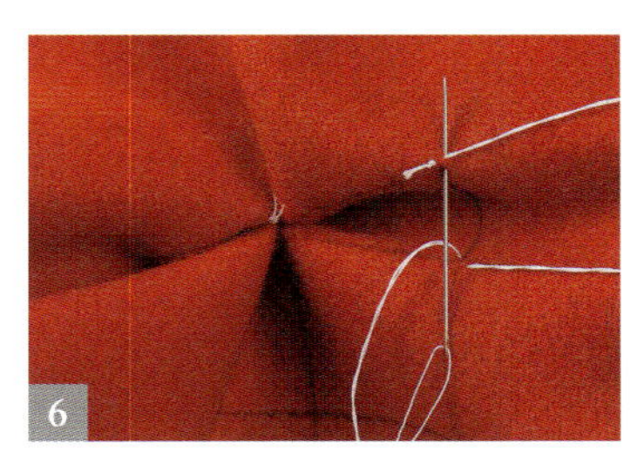

6 横に進みます。ひとつ格子を飛ばして、3つ目の格子を同様に角をひと針ずつすくいます。

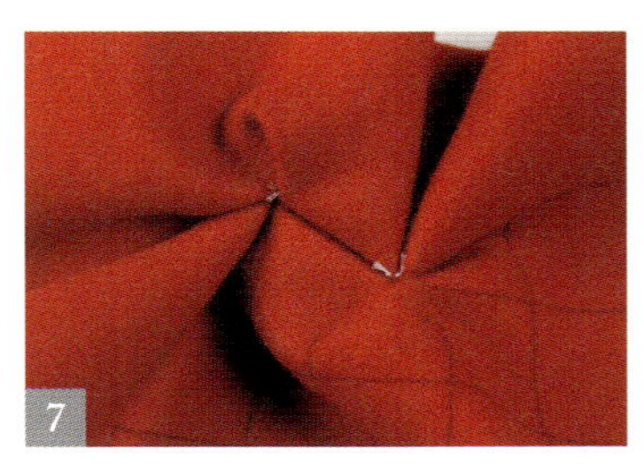

7 糸を引き、玉止めをします。ひとつ格子を飛ばしてスモッキングすることをくり返します。

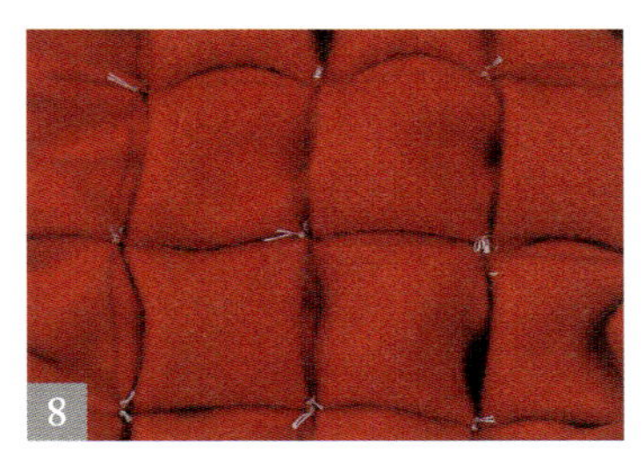

8 端までいったら1段飛ばして3段目を同様にスモッキングします。すべてスモッキングすると、ぽこぽこした四角形ができます。

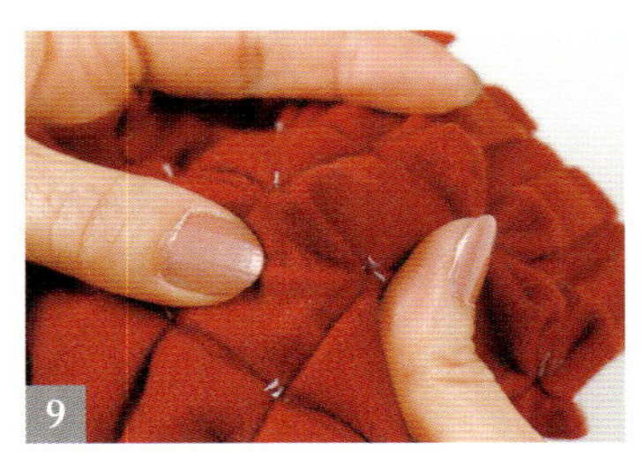

9 表側から指でへこんでいる布を押し出します。

10 裏から見ると花のような模様になります。

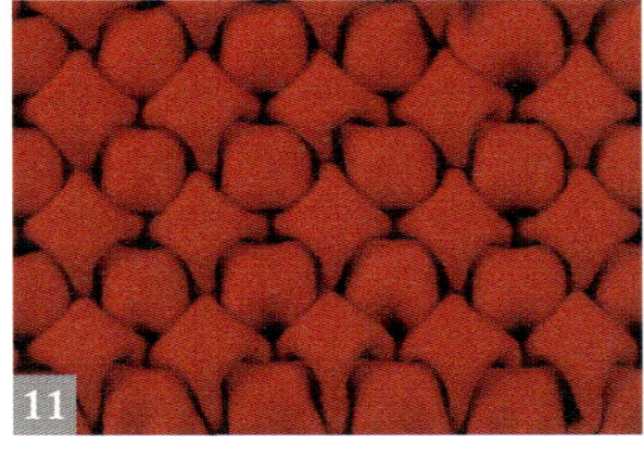

11 表から見ると、正方角とひし形が組み合わさった模様です。

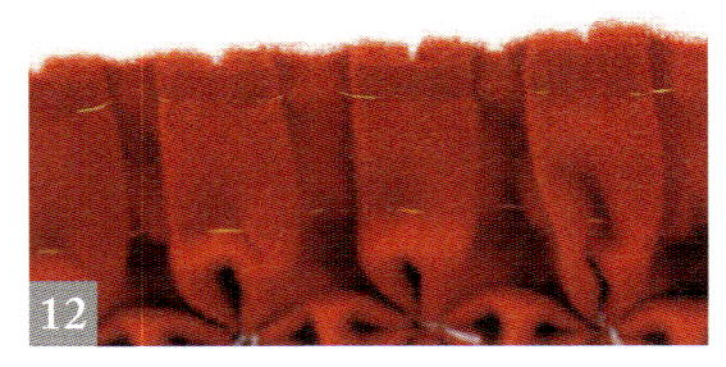

12 周囲の布をスモッキングに合わせて箱ひだにタックを寄せて折りたたみ、しつけをします。これで完成です。

Pin tuck & Wave

ピンタック & ウェーブキルト

細い幅で布をつまんで縫うピンタックは、洋服などにもよく使われる技法です。一枚の布で表情を出すことができます。さらにピンタックの上にミシンをかけてひだを逆方向に倒し、再度ミシンをかけたものがウェーブキルトです。波のようなうねりが生まれます。ピンタックもウェーブキルトも陰影を楽しむ飾りのテクニックです。

ウェーブキルトのクッション

シンプルで上品なウェーブキルトのクッションです。白をメインに、淡いパープルとややグレーがかった白を合わせました。陰影を楽しむテクニックなので、無地がきれいに見えます。

43×43cm　デザイン／松尾緑　製作／戸野塚千恵

作り方 ▶ **86 page**

白いベビーキルト

ピンタックとウェーブキルトを組み合わせたホワイトキルトは、ぜいたくな一枚。ブロックごとにピンタックとウェーブキルトをして縫い合わせています。64ページに全体の写真があります。

110×90cm　デザイン／松尾緑　製作／松本栄美子

作り方 ▶ **88page**

ピンタックをとっているように見えますが、帯状のパーツを縫い付けています。下のプリントが間から見えて、柄を想像するおもしろさもあります。底は細く、上に向かって太くして折り返すという手の込んだポーチです。

13.5×25cm　デザイン／松尾綠　製作／小林亜希子

作り方 ▶ 90page

貝殻ポーチ

タック＆スモッキングのバッグ

タックを箱ひだにとり、ひだの山をステッチしています。リネンの太いストライプ地をうまく使っていますが、布を縫い合わせてストライプを作ってもかまいません。飾りのひと手間をかけてもさりげなく、作りたくなるかっこいいバッグです。

35×35cm　デザイン／松尾緑　製作／笹田恭子

作り方 ▶ 92page

ピンタックとウェーブキルトのしかた

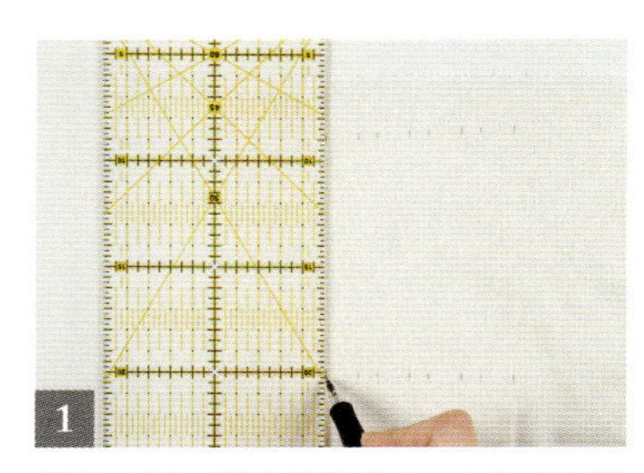

好みの幅で印を付けます。ここでは印が目立たないように谷に印を付けています。消えるペンなどを使う場合は、山に印を付けた方が簡単です。

印同士を合わせてまち針で留めます。表から布をつまんで左右にピンとはり、まっすぐゆがまないように留めます。

印の部分をミシンで縫います。ここでは分かりやすいように赤い糸で縫っていますが、布と同じ色の糸を使ってください。

すべての印を縫い、タックをとります。

同じ方向にひだを倒してアイロンをかけます。これでピンタックの完成です。

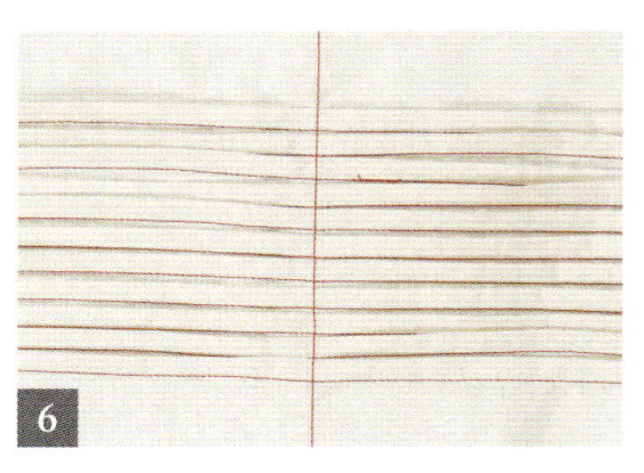

そのままウェーブキルトを作ります。中心に1本ミシンをかけます。ひだは同じ方向に倒れたままです。

ウェーブの幅を決め、幅の中心を目安にアイロンで逆方向にひだを倒します。

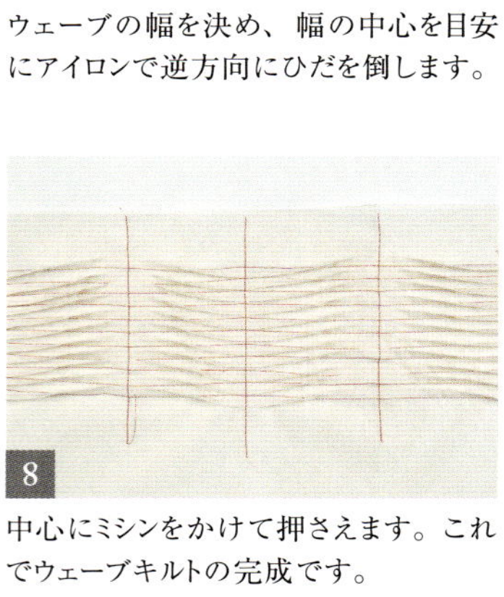

中心にミシンをかけて押さえます。これでウェーブキルトの完成です。

キルトのピンタックとウェーブキルト。交差させてタックをとったり、ウェーブのミシンを斜めにかけたりしています。

箱ひだ＆スモッキングのしかた

好みの間隔で箱ひだのタックをとる印を付けます。ここでは4cm、2cm、4cm、2cmと谷に印を付けています。

4cmの印を合わせてミシンで縫い、タックを作ります。

タックを縫い目を中心にして割ります。

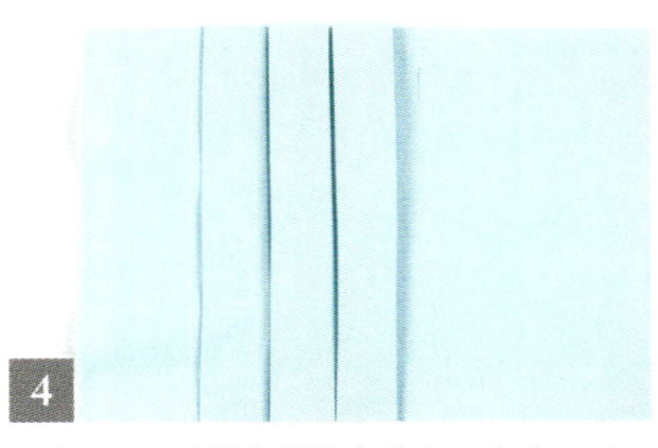

アイロンでひだを押さえます。左右のタックが2cmの間隔で突き合わさります。縫い目に合わせて中心にミシンをかけて押さえておいてもかまいません。

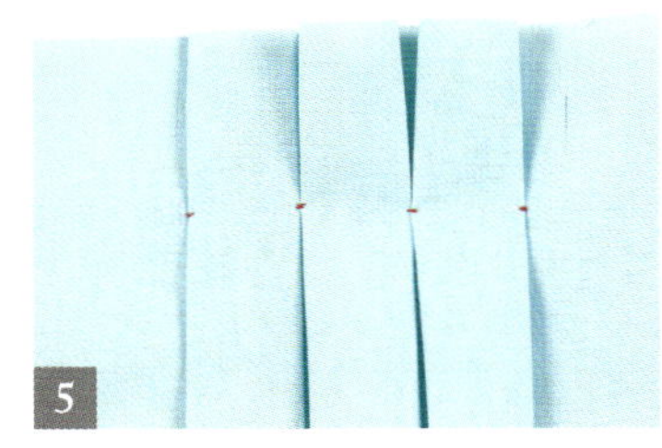

隣になる突き合わさったひだの山同士を1、2針縫い止めます、端になる山は、そのまま布と縫い止めます。

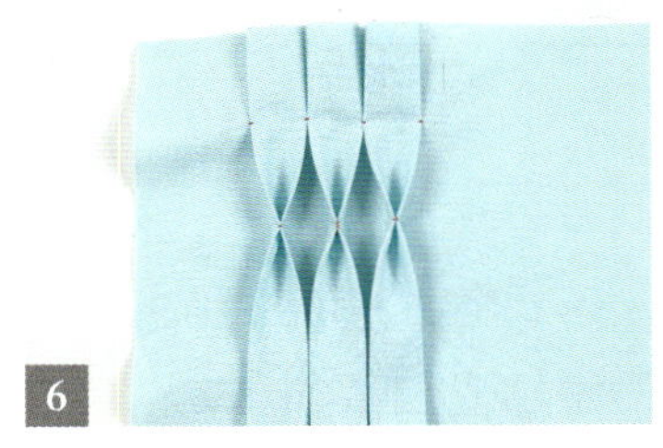

好みの間隔をあけ、同じひだの山同士を縫い止めます。

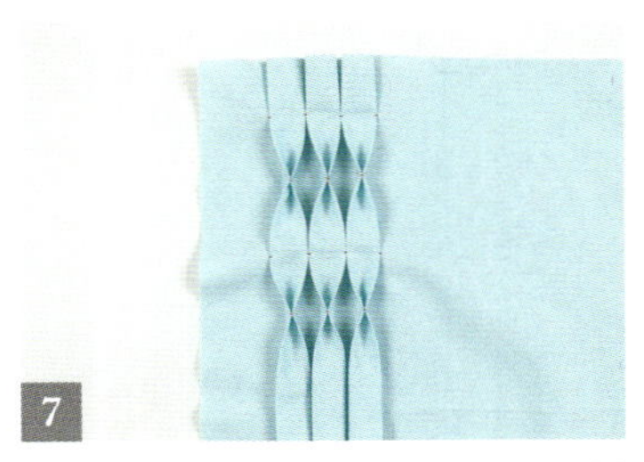

これをくり返すと、ゆらゆらとした模様ができます。これで完成です。ブロックごとに幅を変えてみても。

バッグは中央だけステッチの間隔を変えています。立体感と陰影が美しく見えます。

SLASH

スラッシュキルト

布を何枚か重ねてミシンをかけ、いちばん下の布以外をバイヤスに切り込みを入れる手法です。バイヤスに切り込みを入れるというところがポイントで、切り込みを入れた部分が起毛して絨毯のような独特の風合いになります。バイヤスなので、糸のほつれも気になりません。起毛を目立たせるには、目の粗い布（シーチングなど）が向いています。重ねた下の布の色がちらっと見えるので、どう見えるかの効果を考えて布選びを楽しんでください。

プードルのもこもこバッグ

スラッシュキルトのもこもことプードルのもこもこのイメージを合わせました。水玉プリントを使っているのではなく、ピンクの布に正円を並べて水玉模様を作っています。デザインもアイデアもスラッシュキルトだからこそ、よりかわいくなります。

23.5×21cm　指吸快子　作り方 ▶ 98page

プードルのもこもこポーチ

バッグとおそろいのポーチです。取り出しやすく持ちやすい持ち手付きです。ファスナーもピンク色を使い、よりかわいらしく。

13×22cm　指吸快子　作り方 ▶ **100page**

デニムのカジュアルポーチ

ジーンズのデニム生地もスラッシュキルトに向いています。スラッシュキルトなら、使用感も気にならないので、はかなくなったジーンズを再利用してみては。

14×21cm　指吸快子　作り方 ▶ 94page

格子に縫った布にクロスに切り込みを入れるスラッシュキルトです。
青、白、ピンクに色数をしぼり、青の下からもちらりとピンクをのぞかせています。ポーチとおそろいで作ってみてください。

28×26cm　指吸快子　作り方 ▶ 96 page

デニムのカジュアルバッグ

ストレートスラッシュキルトのしかた

布を5枚重ねます。布の枚数は何枚でもかまいませんが、厚手なら3枚、薄手なら6枚くらいが適当です。

まち針で5枚を留め、中心に45度の線を引きます。へらなどで印を付けてもかまいません。

印の上をミシンで縫います。ここでは分かりやすいように赤い糸を使っていますが、実際に作るときは上の布に近い色で縫います。

中心の縫い線を基線として、ミシンの押さえ金の幅で等間隔に縫います。幅は0.6～0.8cmくらいで好みで調整しても。

いちばん下の布を残して上の4枚をまとめてカットします。端からはさみを入れ、縫い目と縫い目の中心をまっすぐ切ります。

下の布も切ってしまわないように注意してください。 切り口を広げると下の布が見えてきます。

すべてカットしたら洗濯機で20分ほど洗って乾かします。糸くずが出るので、ほかの洗濯物と分けて洗います。小物の場合は手洗いで切り口を起こしながら洗うと効果的です。

布の端がもこもこと起毛しているのが分かります。プードルはフェルトをアップリケ。

持っていると便利な道具

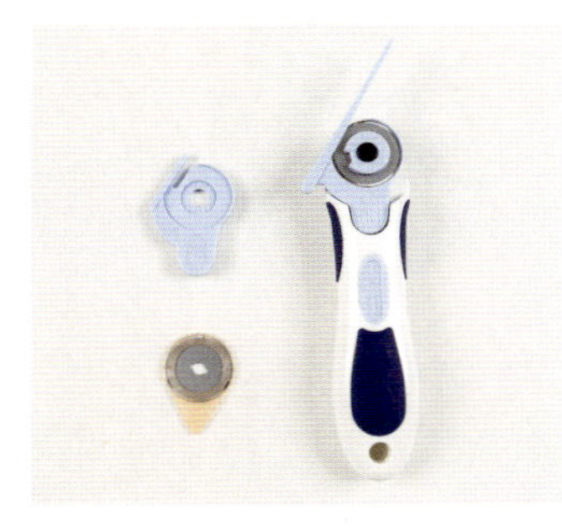

スラッシュキルト専用のカッターがあります。ロータリーカッターにガイドが付いているので、下の布を切る心配がなく早くきれいにカットできます。ストレート用とカーブ用のガイドがセットになっています。
別売りで替え刃もあります。写真はクロバー株式会社のスラッシュカッター。

いちばん下の布の上にガイドを差し込みます。

布を押さえながらカッターを前に押し出せば簡単にカットできます。まっすぐきれいにカットでき、時間短縮にもなるので便利です。

スクエアスラッシュキルトのしかた

布を5枚重ねます。いちばん上はデニム生地です。

いちばん上の布に格子を書きます。

5枚まとめて、格子の上をミシンで縫います。糸の色は、上の布に近い色を使ってください。

格子に切り込みのラインとなる対角線を引きます。

布をつまんではさみで切り込みを入れ、印の上をカットします。反対の対角線も同様です。いちばん下の布は切らないように。

クロスにカットできました。刃先の尖ったよく切れるはさみを使ってください。

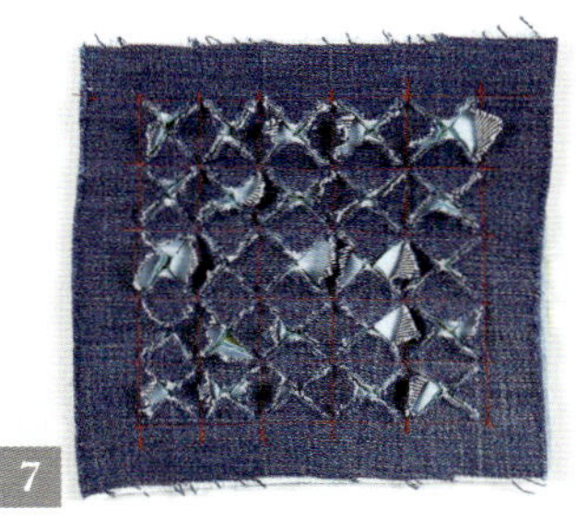

ストレートスラッシュと同様に、洗濯機か、小物は手洗いをします。洗うことで布がやわらかくなり、切り口をほぐして起毛させます。

41ページのバッグは、表はスラッシュキルト、裏は星のアップリケとステッチのデザインです。

SEMINOLE

セミノール

セミノールとは、もともとアメリカのフロリダ州に住むインディアンの一民族の名前です。ジャケットやスカートにカラフルで独特のパッチワークを施しており、そこからセミノールパッチワークが広まりました。小さな布を縫い合わせて複雑そうに見えますが、ミシンで縫ってカットし、また縫うという効率的で単純な作り方です。くり返し模様がかわいらしく、模様のバリエーションも豊富です。無地と合わせてポイントにしても、セミノールだけでつないでもすてきです。

ティーコゼーとティーマット

ティーコゼーとティーマットで色を逆に配置しました。おそろいで作るとお茶の時間が楽しくなります。

ティーコゼー18×20cm　ティーマット18×18cm
早崎麻利子　作り方 ▶ **104page**

クッション 3 種

それぞれに模様の違うクッションです。ここでは 4、5 色の布を使っています。斜めにカットしたり幅を変えることで模様も変わってきます。

43×43cm　早崎麻利子　作り方 ▶ **106 page**

ティーコゼーと同じクロス模様ですが、幅と接ぎ合わせかたが違います。持ち手のテープはデザインも兼ねています。

40×36cm　早崎麻利子　作り方 ▶ **108 page**

モノトーンのぺたんこバッグ

セミノールのしかた

●クッション A 模様

裁ち切り4×70cmの帯状の布を7本（作品は4色、ここでは3色）縫い合わせます。縫い代は0.7cmです。縫い代は片倒しか割ります。

端の不揃いな部分を1cmほどカットし、4cm幅でカットします。方眼定規とロータリーカッターを使うと便利です。

1マス（帯状の布1本分）ずらして接ぎ目を合わせ、2を中表に合わせます。縫い代0.7cmで縫います。

1マスずつずらしてすべて縫い合わせます。斜めの太い帯になりました。

上下のギザギザの余分をカットします。

完成です。

●クッション B 模様

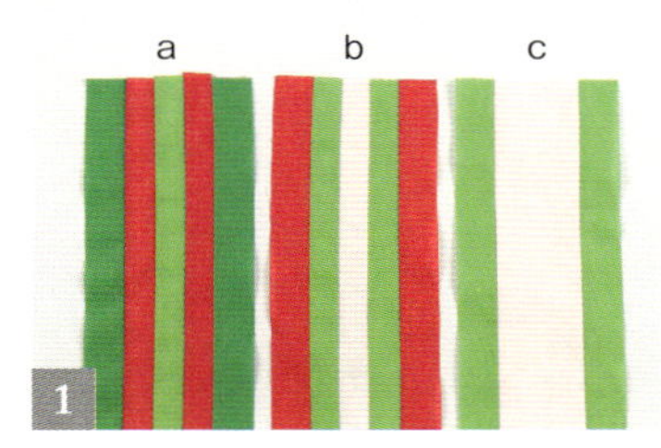

aとbは裁ち切り3.5×25cmの帯状の布を5本（3色）、cは裁ち切り3.5×25cmの帯状の布を2本と7.5×25cmの帯状の布を1本接ぎ合わせます。縫い代は0.7cmです。

aの端の不揃いな余分をカットし、5.5cm幅でカットします。

bも端の不揃いをカットし、3.5cm幅でカットします。

cも端の不揃いをカットし、7cm幅でカットします。

左からa、b、c、b、aの順に並べて縫い合わせます。これがひとつの模様になります。

a部分を共通にしてどんどん縫い合わせます。これで完成です。

●クッションC模様

1 裁ち切り4.5×55cm4本（2色）、3×55cm6本（3色）の帯状の布を用意します。同じ並び順に縫い、同じ帯を2本作ります。縫い代は0.7cmです。

2 1本を45度の角度で5.5cm幅にカットします。30度、45度、60度のラインが入った方眼定規を使うと便利です。

3 もう1本を逆向きから45度の角度で5.5cm幅にカットします。

4 矢羽根模様になるように並べ、縫い代0.7cmで縫います。ジグザグ模様ができました。

5 上下のギザギザの余分をカットします。

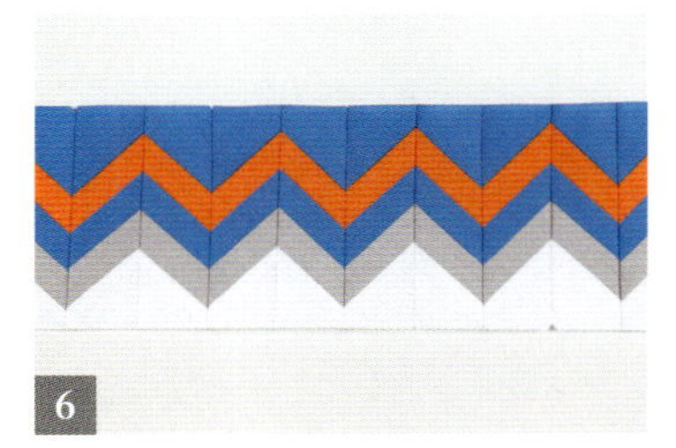

6 完成です。

●バッグのクロス模様

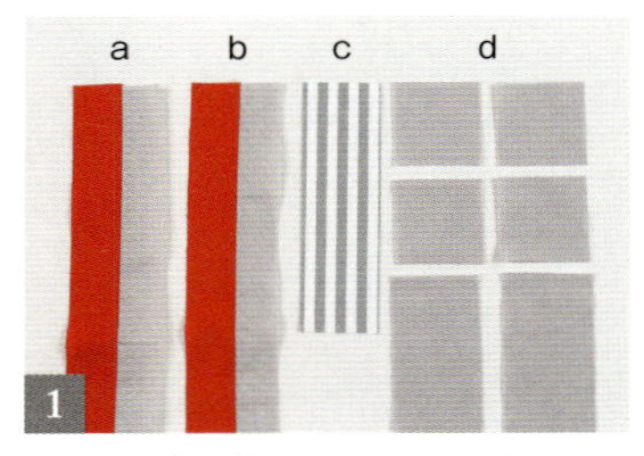

1 aとbは裁ち切り3×30cmと3.5×30cmを接ぎ合わせ、cは裁ち切り4.5×15cm、dは5×5cmにカットします。

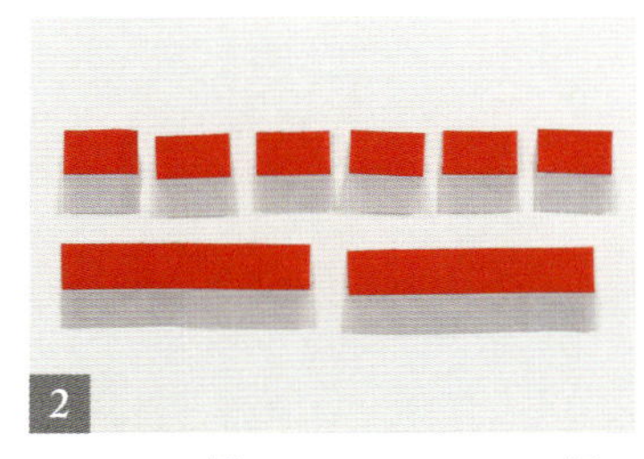

2 aは4.5cm幅でカットし、bは15cm幅でカットします。端の不揃いはカットします。

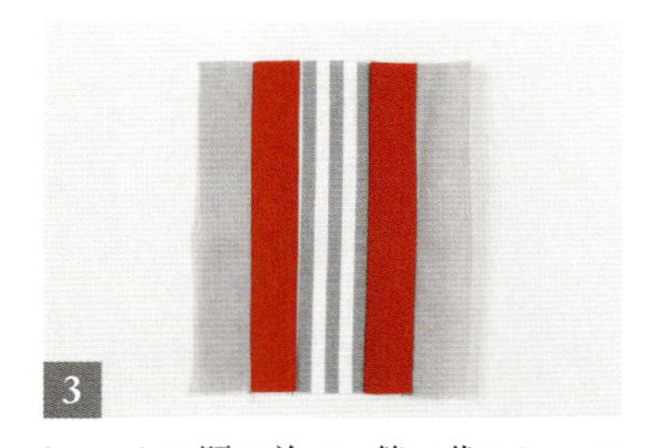

3 b、c、bの順に並べ、縫い代0.7cmで縫います。

4 **3**を4.5cm幅でカットします。

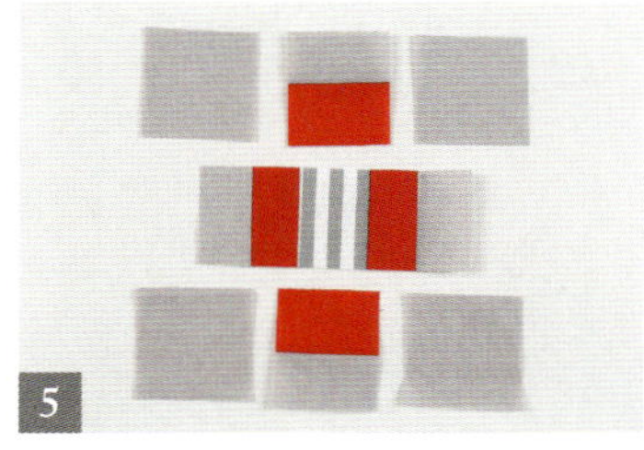

5 上段はd、a、d、中段は**4**でカットしたブロック、下段はd、a、dの順に並べます。上段と下段は同じ色が向かい合うようにします。

6 縫い合わせれば完成です。これを必要枚数作って縫います。

●ティーコゼーとマットのクロス模様

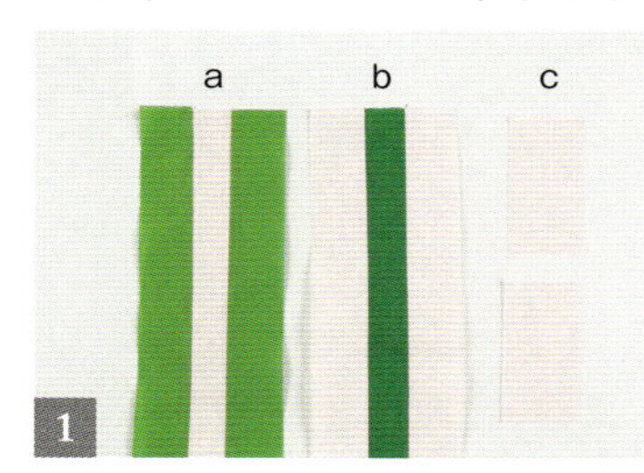

aは裁ち切り3.5×30cm3本（2色）、bは3.5×50cm3本（2色）、cは4.5×7.5cm2本を用意し、aとbは縫い合わせます。

aとbを3.5cm幅でそれぞれカットします。端の不揃いはカットしておきます。

b、a、bの順に並べます。

縫い代0.7cmで縫います。クロス模様になりました。

両側にcを縫い合わせます。

マットの場合は、a、b、aの順に並べます。

縫い代0.7cmで縫います。ティーコゼーとマットはaとbの組み合わせを変えて色が反転しているだけです。

FRILL

フリル

フリルとは帯状の布を縫い縮めてギャザーを寄せたもののこと。端がひらひらとしていてボリュームが出るので華やかです。洋服によく使われる技法です。布の幅やギャザーの寄せかたで違いが出ます。また短い布の中心にギャザーを寄せるとリボンのようにも見えます。

赤×青のフリルポーチ

2色の色合わせとフリルがインパクトのあるポーチです。色数を抑えることで大人のかわいい雰囲気に。

15×31cm　武石正子　作り方 ▶ **110page**

キュートでカラフル。女の子のかわいいが詰まったようなバッグです。フリルは本体のピンクに合うトーンのものを選びます。

27×37cm　武石正子　作り方 ▶ **112page**

フリルのガーリーバッグ

フリル仕立てのきんちゃく

まるでフラメンコの衣装のようなユニークなきんちゃくです。本体のカーブに沿ってフリルをはさみ込んでいるのでころんと立体的。ユニークな形とフリルの装飾がぴったりです。

13.5×34cm　升田かつら　作り方 ▶ **114page**

フリルの作り方

バイヤスの帯状に布をカットします。

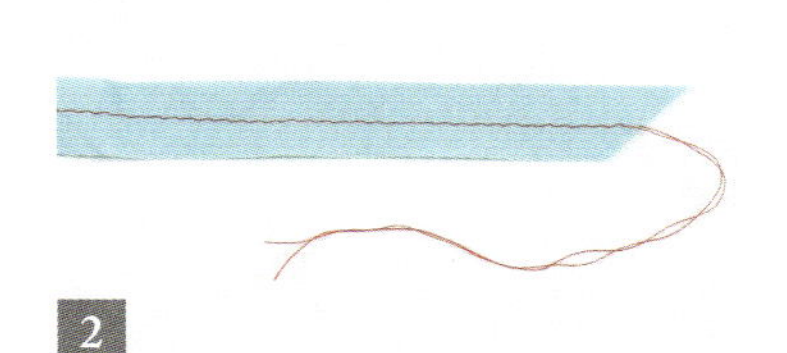

0.5cmほどの大きな針目でミシンステッチをします。ぐし縫いでもかまいません。

ミシンステッチの端の糸を1本だけ引いてギャザーを寄せます。

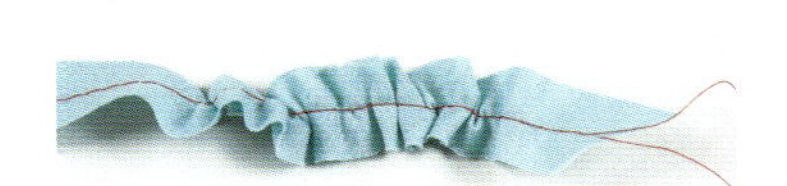

ぎゅっと引き絞れば完成です。

バイヤスを筒に縫ってフリルにすると両端がきれいです。2本ミシンステッチをします。

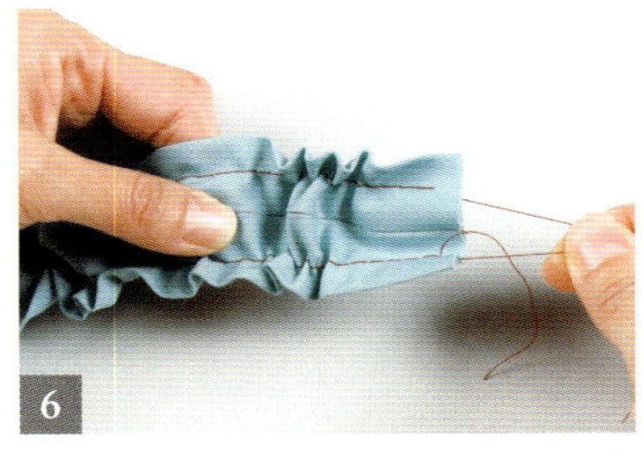

それぞれ端の糸を1本ずつ持ち、一緒に引いてギャザーを寄せます。

52ページの フリルの付け方

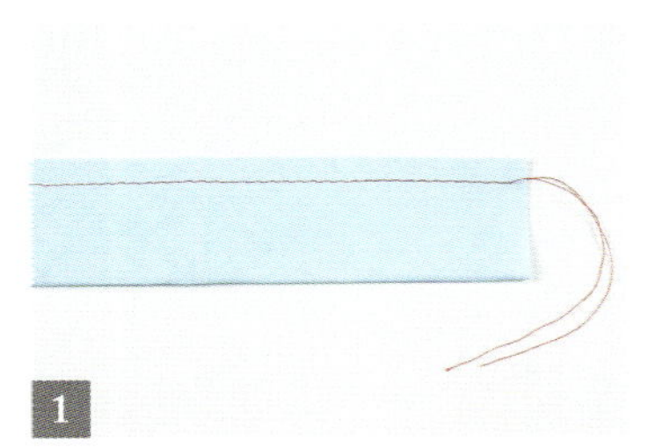

バイヤスにカットした布を外表に合わせます。 端に針目の大きなミシンステッチをかけます。

本体パーツに1の脇を本体に沿って縫い付けます。上下は1cmほど残しておきます。

端の糸を1本引いて、本体の長さに合わせてギャザーを寄せます。

本体に合わせてギャザーを整え、縫い代にミシンステッチをかけます。

両端が縫い込まれた、おもしろい形のフリルができました。52ページのきんちゃくは、このパーツを縫い合わせて本体を作っています。

TUFTING

タフティング

タフティングとは、表布、キルト綿、裏打ち布を一緒に止めることを言います。簡単にできるキルティングの代わりとして使われます。ソファの背がボタンでポコポコと止まっているのもタフティングです。糸やリボン、ボタンなど結べたり止めたりできるものなら使えます。簡単で飾りにもなるタフィティングはアイデア次第でどのようにも楽しめます。

つつみボタンのポーチ

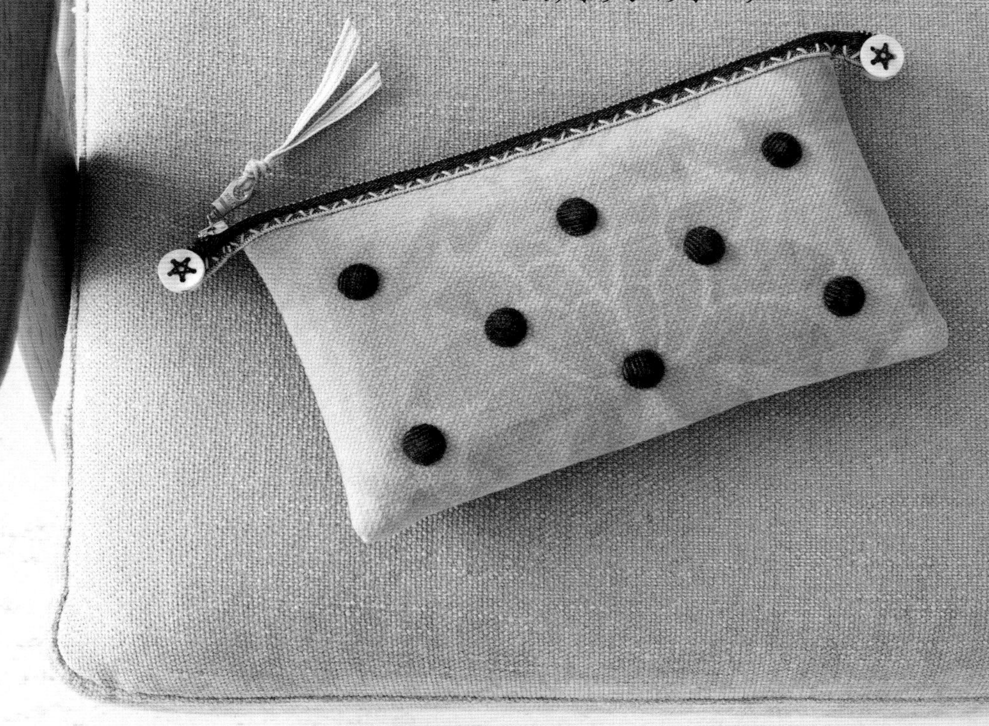

つつみボタンでタフティングをしたポーチです。ファスナーは外付けにして、両端をボタンではさんでアクセントに。ボタンは星の形に糸を渡しています。

12×21cm　柴尚子　作り方 ▶ **118page**

ボタンのミニバッグ

いろいろなボタンでタフティング。ボタンの大きさや穴のあき方が違うので、糸の通し方も工夫ができます。

19×26cm　柴尚子　作り方 ▶ **116page**

シンプルキルト

ストライプとチェック、無地の布を大きく接ぎ合わせたキルトです。布の交差する部分に毛糸でタフティングをして止めています。シンプルで手触りもやわらかく、使い勝手のいいキルトです。

90×120cm　柴尚子　作り方 ▶ **119 page**

タフティングのしかた

●毛糸でタフティング（タイキルト）

毛糸針や刺繍針に毛糸を通し、玉結びをせずに表からひと針すくいます。クロスになるようにひと針すくい、毛糸をカットします。

毛糸をかた結びします。上下の2本をまとめて持ち、ひと結びします。もう一度、毛糸がゆるまないように結びます。

好みの長さに毛糸をカットすれば完成です。

●ボタンでタフティング①

ボタンを重ねて、2本取りの糸で止めます。玉結びは布の中に引き入れるか、ボタンの下に隠します。

裏は小さな針目が出ている状態です。

●ボタンでタフティング②

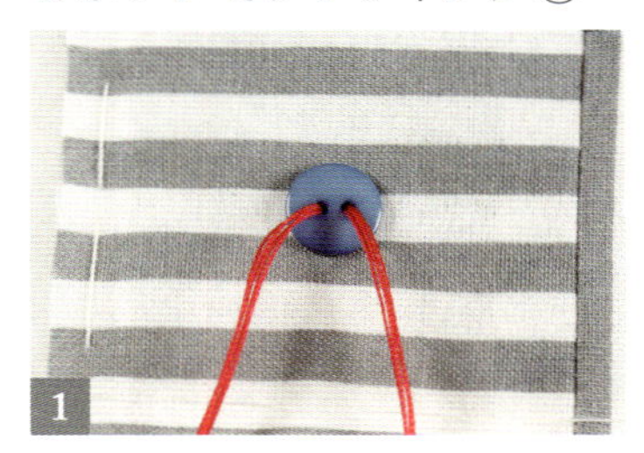

毛糸と同じように、上側で糸を結びます。ボタンに糸を通します。2本取りの糸を2回通し、4本取りです。

かた結びをします。ボタンが浮かないようにしっかりと結びます。

糸を好みの長さにカットすれば完成です。

●つつみボタンでタフティング

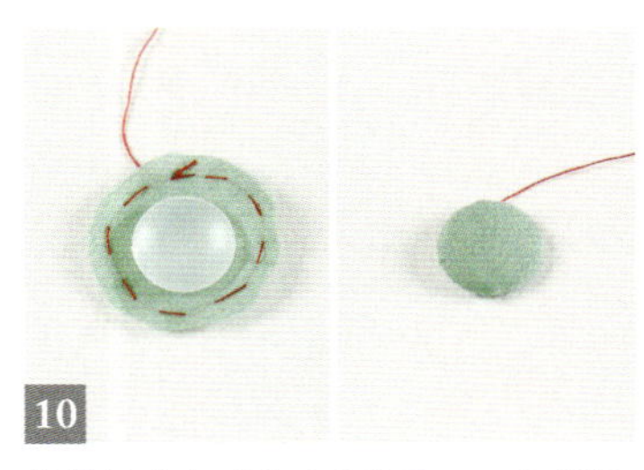

作品に合わせた大きさのつつみボタンを用意します。布を丸くカットし、周囲をぐし縫いします。つつみボタンを入れてぐし縫いを引き絞り、玉止めをします。

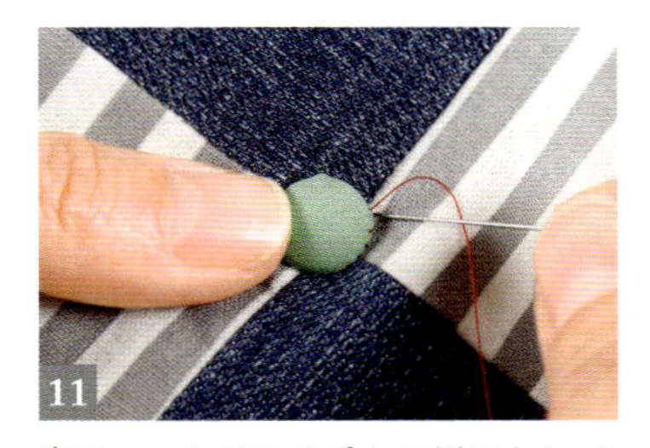

布につつみボタンを重ねて周囲をまつります。裏打ち布までしっかりと針を出してすくいます。

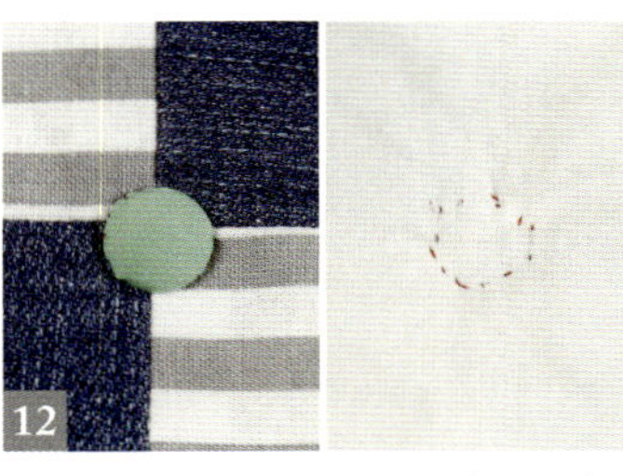

一周まつったら完成です。裏打ち布まで針が通り、押さえられています。

CANDLEWICK

キャンドルウィック

キャンドルウィックとはろうそくの芯のことです。芯に似た太くて撚りのあまいコットンの糸で刺繍することをキャンドルウィックと言います。白い布に白い糸で刺繍をするのが定番です。技法としては刺繍と同じですが、多くのステッチを使わずに、コロニアルノットステッチ、サテンステッチ、ベルベットステッチなどの 3、4 種類で図案を描きます。素朴でかわいいのが魅力です。

水玉カードケース

両側にポケットがあるシンプルな仕立てのカードケースです。ポケットを格子にミシンキルティングし、キルティングの交点にいろいろな色のコロニアルノットステッチを刺しました。

9.5×12cm　横田弘美　作り方 ▶ **101page**

花のブローチ

ウールを裁ち切りでカットして2枚重ねたブローチです。
花びらの先にコロニアルノットステッチ、花芯にベルベット
ステッチをしてふわふわ感を出しました。

9.2×9.2cm　横田弘美　作り方 ▶ **102 page**

白いクラッチバッグ

シロツメクサをキャンドルウィックで刺繍しました。
シロツメクサの素朴さとキャンドルウィックがよく
合います。花をベルベットステッチのふわふわと、
コロニアルノットステッチのもこもこの２種類で。

19×30cm　横田弘美　作り方 ▶ **103 page**

キャンドルウィックのしかた

●道具と材料

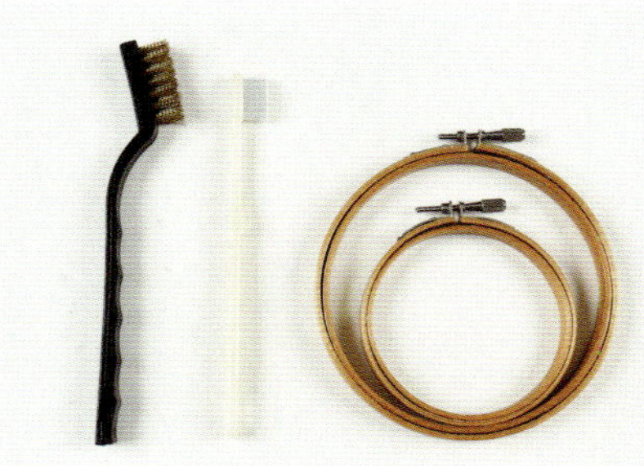

キャンドルウィック専用の針と糸があります。糸は白が基本ですが、生成りや茶色もあります。写真は金亀糸業株式会社の糸と針です。刺繍枠は枠に手が届きやすい小さめのものを使用。歯ブラシとワイヤーブラシは、ベルベットステッチに使います。ワイヤーブラシは掃除道具として市販されています。

●コロニアルノットステッチの刺し方

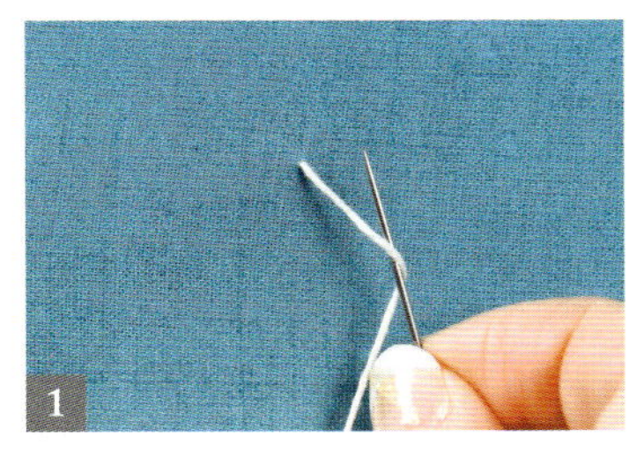

1 刺繍枠に布をはり、玉結びをして表に針を出します。糸を下に引いて写真のように針に糸をかけます。

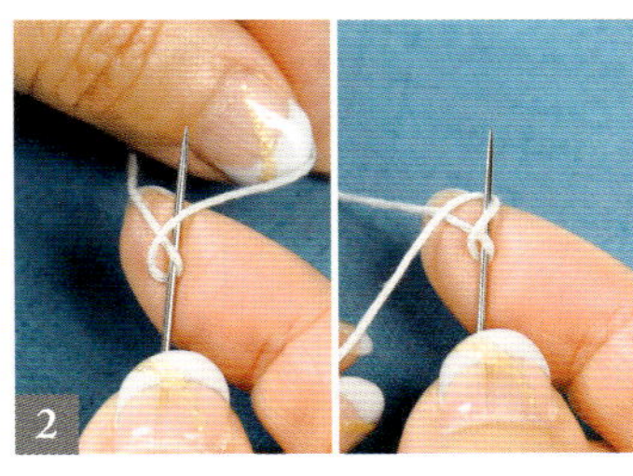

2 糸のかかっている部分を指で押さえ、下に引いていた糸を八の字を描くように針にかけます。

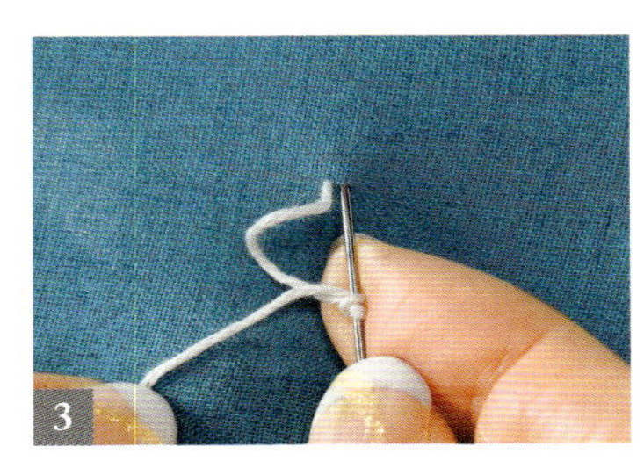

3 そのまま最初に針を出した横に入れます。糸は軽く引いておきます。

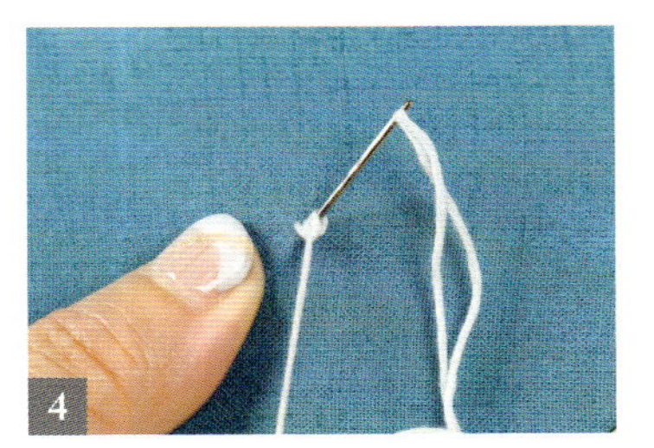

4 針を垂直に刺したら糸を引いて整えます。

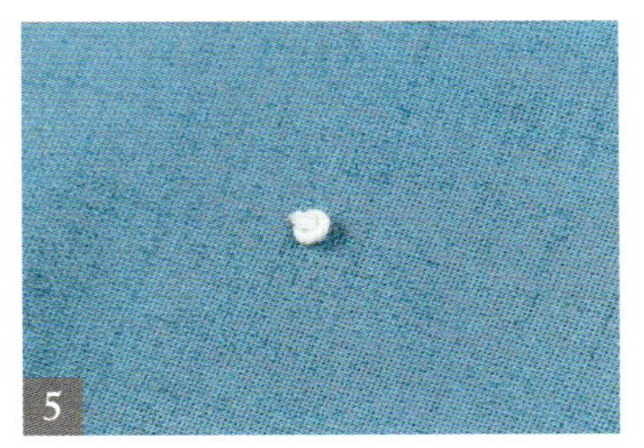

5 そのまま裏に針を出せば完成です。ころんとした刺繍ができました。

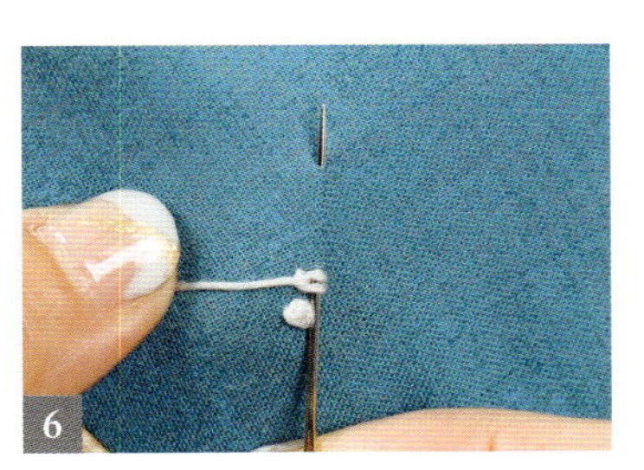

6 続けて刺す場合は、3の時点で次の場所に針を出し、糸を引きます。

●アウトラインステッチの刺し方

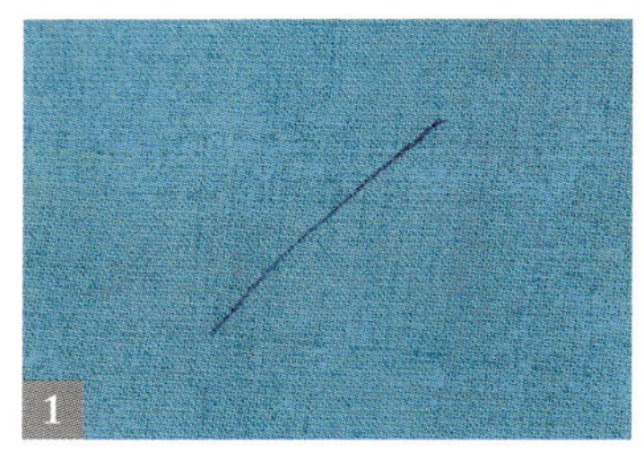

図案を描きます。この図案に沿って刺します。

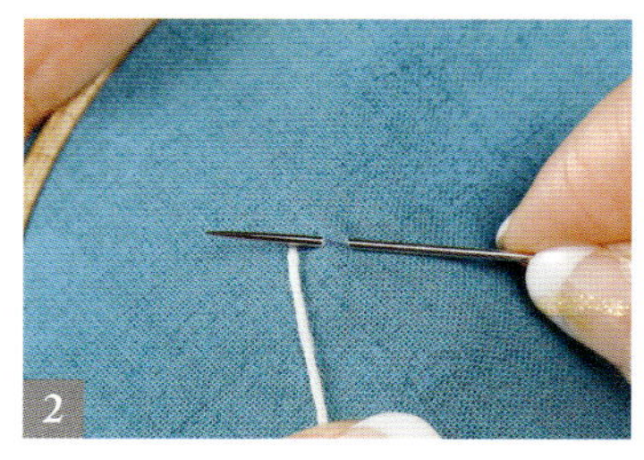

玉結びをして表に針を出し、右に針を出してひと針すくいます。0.4cm右に出し、0.2cm分すくう感じです。 糸は下に引いておきます。

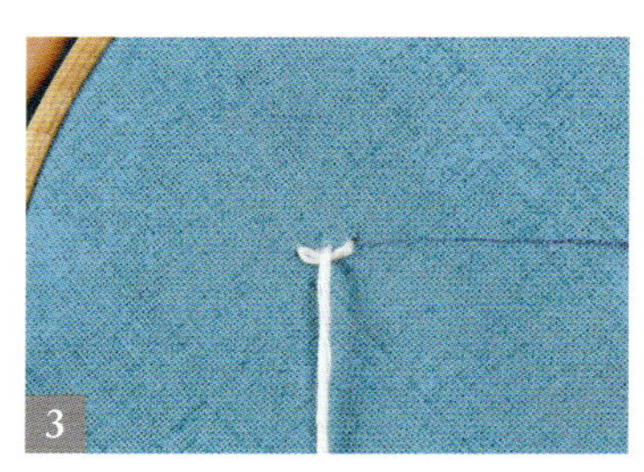

そのまま糸を引きます。引きすぎないように注意を。

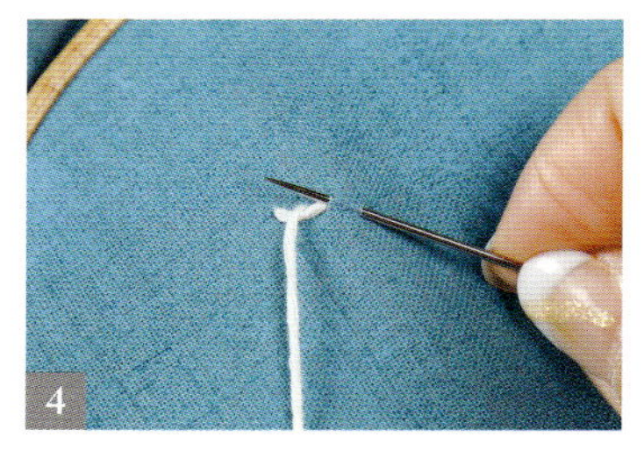

同じように0.4cm右の図案上に針を出し、0.2cmすくいます。針が2の針の位置に出ます。

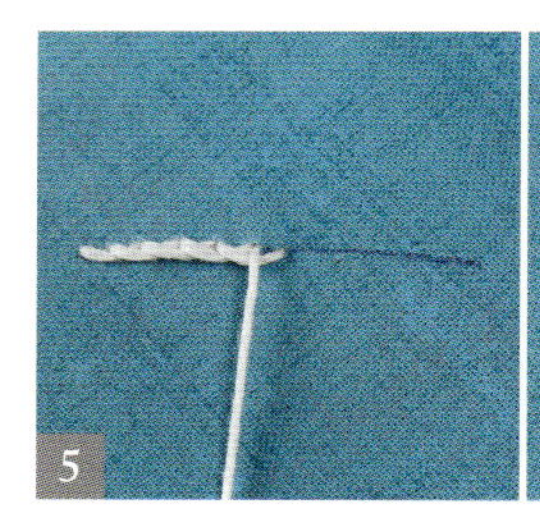

これをくり返します。最後は裏に針を出し、玉止めをします。

●葉のサテンステッチの刺し方

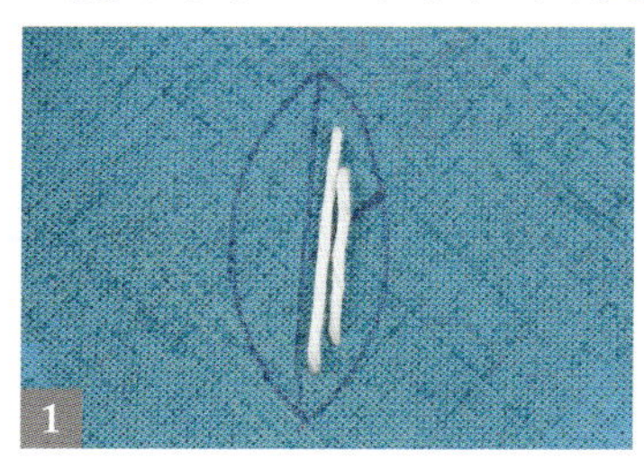

図案を描き、中心と斜めの基線を書きます。中心の基線に沿って2本糸を渡します。これが芯になります。

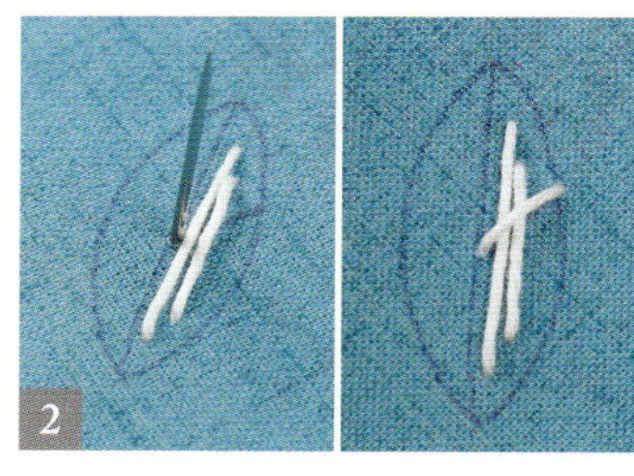

斜めの基線上に針を出し、糸を渡します。糸を引きすぎないように注意を。

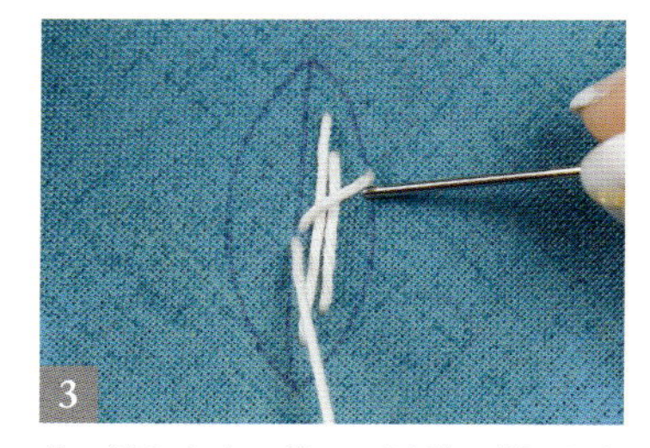

2で渡した糸に沿って同様に刺します。中心から針を出し、葉の外側のラインに針を入れます。

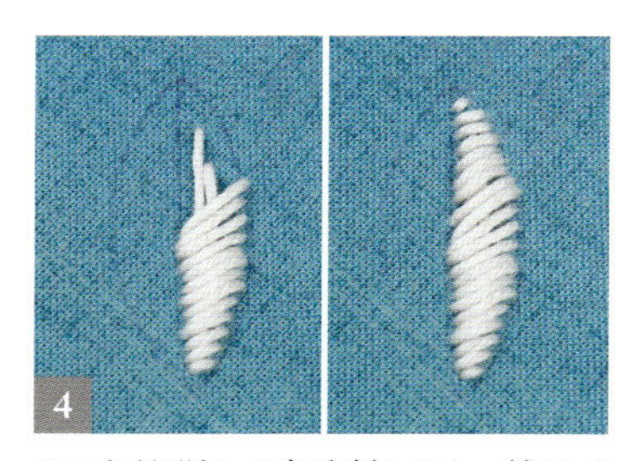

これをくり返して半分刺します。続けて上半分も同様に刺します。

中心から残り半分も同様に刺します。まず2本糸を渡して芯にします。

斜めに刺して葉の形に埋めれば完成です。

●ベルベットステッチの刺し方

図案を描きます。図案に沿ってひと針すくいます。糸端は玉止めせずに上に出し、2cmほど残しておきます。

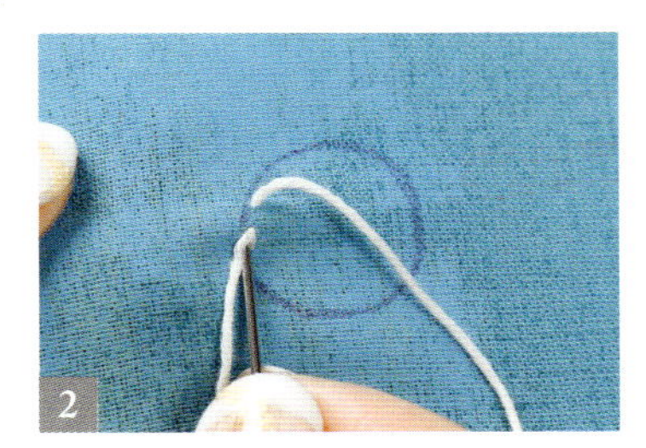

2針目は前の糸の上から刺します。糸を割って刺した状態です。

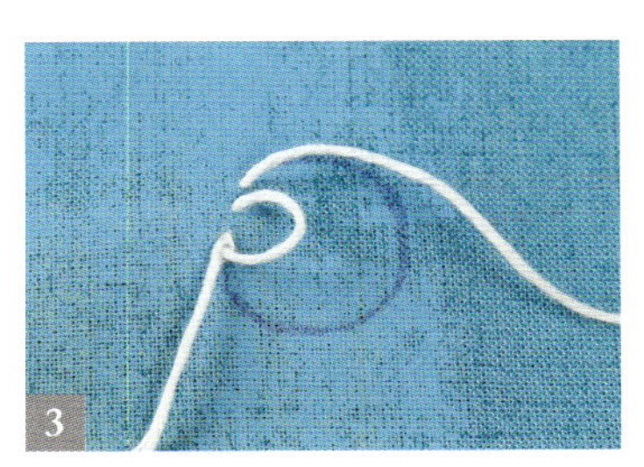

1針目よりも先に針を出します。だいたい1～1.5cmの高さのループを作ります。高さがそろっていなくてもかまいません。

3針目は2針目の糸の上に針を刺してすくいます。半返し縫いをする要領です。これで一周します。

次は内側を同様に埋めます。糸が足りなくなったらそのまま表側に糸を出し、新しい糸で上から刺して同様に進めます。

次にループをカットします。よく切れる小さなはさみが使いやすいです。

すべてカットができました。

糸の撚りをほぐします。最初にワイヤーブラシで大体をほぐした後に、歯ブラシでほぐします。糸が多少抜けてもかまいません。

糸の撚りがなくなってふわふわになるくらいまでほぐします。歯ブラシで形を整えます。

はさみでカットして整えます。半円のように形作りたいときは、周囲を短めにします。

中心に向けて丸くカットします。もこもこ感が足りないときは、糸を刺して追加すればOKです。

完成です。糸のほぐし加減とカットの加減はお好みで。

33ページの白いベビーキルト。

How to make

作品の作り方

・図中の数字の単位は cm です。
・構成図や図案の寸法には、特に表示のない限り縫い代を含みません。通常、縫い代は、ピーシングは 0.7cm、アップリケは 0.5cm、仕立ては 1cm を目安に付けます。裁ち切りと表示のある場合は、縫い代を付けずに布を裁ちます。
・布などの用尺は少し余裕をもたせています。
・図中のアルファベット「s」はステッチの略です。
・指示のない点線は、縫い目、キルティングライン、ステッチのラインを示しています。
・キルティングをすると少し縮むので、周囲の縫い代に余分を付けておきます。
・拡大率の記載のないものは実物大です。拡大率のあるものは、記載の倍率に拡大コピーしてご使用ください。
・作品の出来上がりは、図の寸法と多少の差が出ることがあります。
・95 ページによく使う基本の縫い方を掲載しています。
・ピーシングとは、型紙で印を付けてカットした布同士を縫い合わせることを言います。
・キルティングとは、裏打ち布、キルト綿、表布（本体など）の順に重ねて小さな針目で一緒にステッチをすることです。接ぎ目のきわに入れるキルティングを落としキルティングと言います。

P.6	ティッシュケース付きポーチ	12 × 15.5cm

材料

ピーシング用布各種　本体前ポケット裏布2種、本体後ろポケット用布、本体前土台布、本体後ろ用布、接着キルト綿各20×15cm　中袋用布40×15cm　接着芯55×15cm　長さ14cmファスナー1本　直径1.5cmボタン2個　幅0.7、1.8cmリボン各20cm　25番刺繍糸適宜

作り方のポイント

●スカラップ飾りの作り方は11ページ参照。
●刺繍は3本取りで刺す。

作り方

❶ピーシングをして本体前ポケットをまとめる。本体後ろポケットは刺繍をする。
❷各ポケットと裏布を中表に合わせてポケット口を縫い、表に返して刺繍をする。
❸本体後ろに接着キルト綿をはり、キルティングする。
❹本体前と後ろをそれぞれ作る。
❺本体と中袋を中表に合わせ、ファスナーをはさんで縫う。
❻本体同士、中袋同士を中表に合わせて縫う。
❼表に返して返し口をとじる。
❽ファスナー飾りを作って付ける。

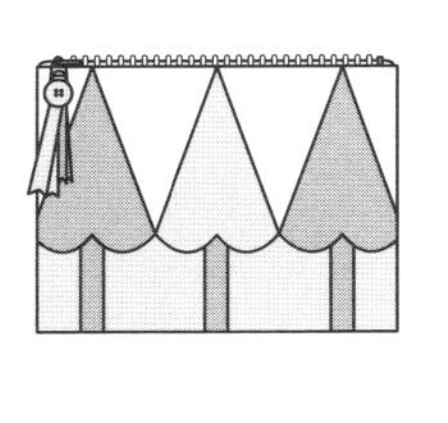

本体前ポケット上１枚

脇　中心　脇　5.5　8.5　ポケット口　15.75

※裏布は同寸の一枚布　※接着芯をはる

本体後ろポケット１枚

サテン・S　アウトライン・S　脇　中心　脇　ポケット口　9.4　15.75

※裏布は同寸の一枚布　※接着芯をはる

本体前土台布１枚
中袋２枚

脇　中心　脇　12　15.75

本体前ポケット下１枚

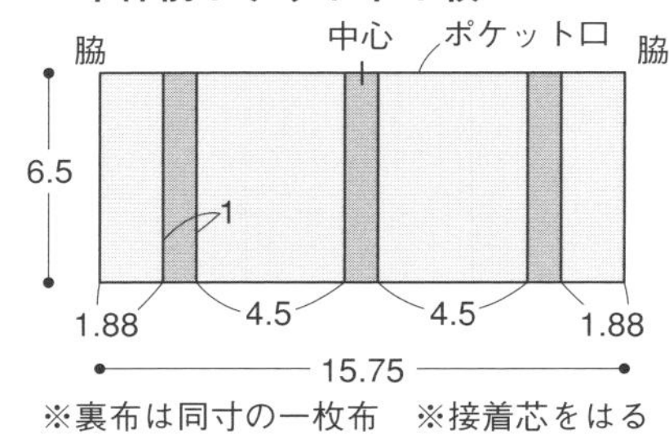

※裏布は同寸の一枚布　※接着芯をはる

本体後ろ１枚

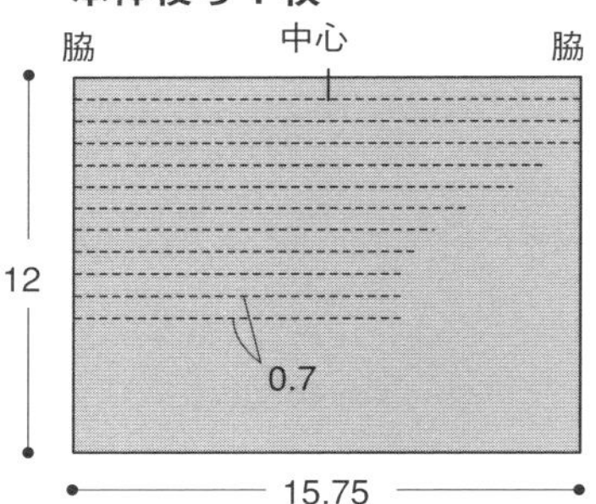

本体前の作り方

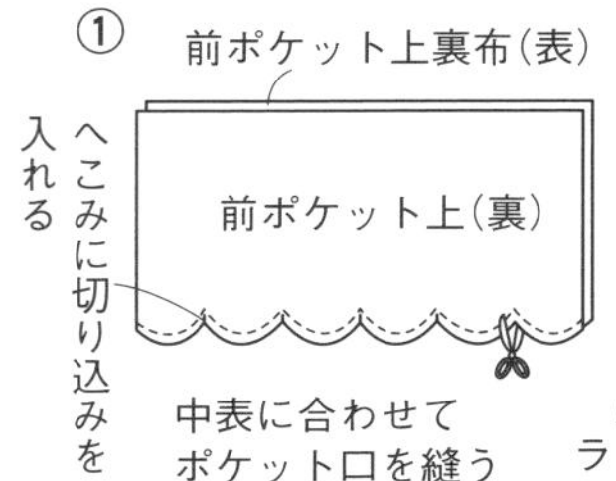

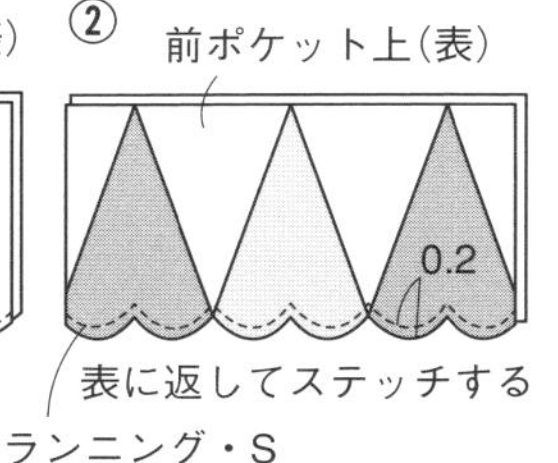

③ 前ポケット下裏布(表)

前ポケット下(裏)

前ポケット下も上と同様にポケット口を縫い、表に返す

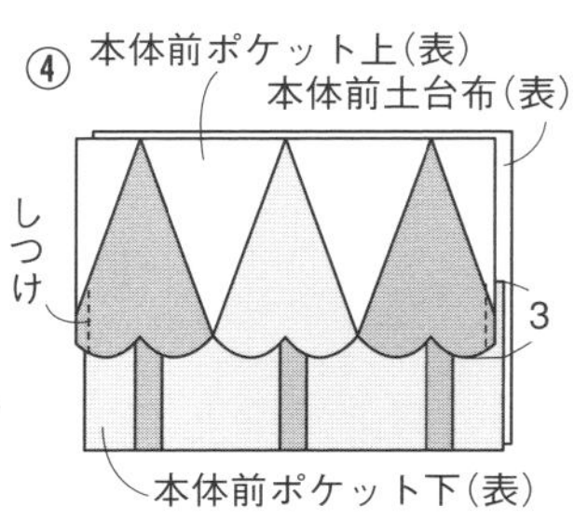

土台布にポケット下とポケット上を重ねしつけをかける

刺繍の刺し方

アウトラインステッチ

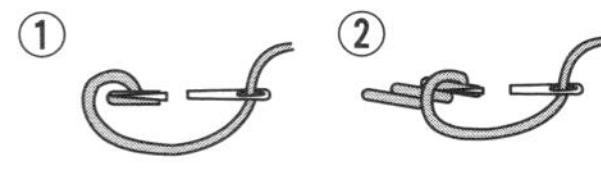

サテンステッチ

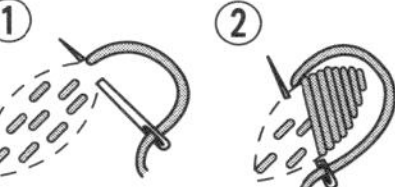

ランニングステッチ

本体後ろの作り方

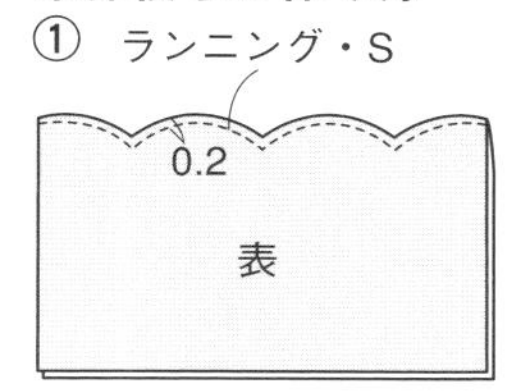

ポケットを前ポケット上と
同様に縫い、表に返して
ステッチする

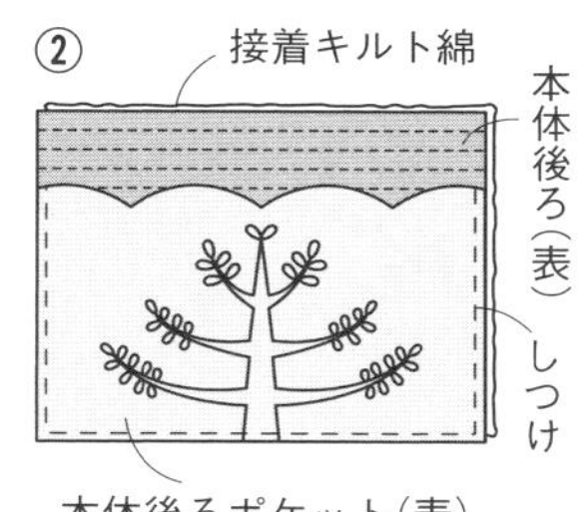

本体後ろに本体後ろポケットを
重ね、周囲にしつけをかける

仕立て方

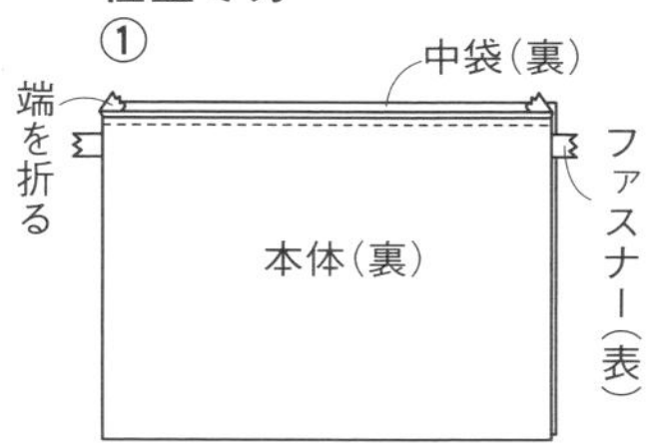

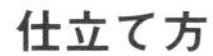

本体と中袋を中表に合わせ
ファスナーをはさんで縫う
もう１枚の本体と中袋も
反対側のファスナーをはさんで
同様に縫う

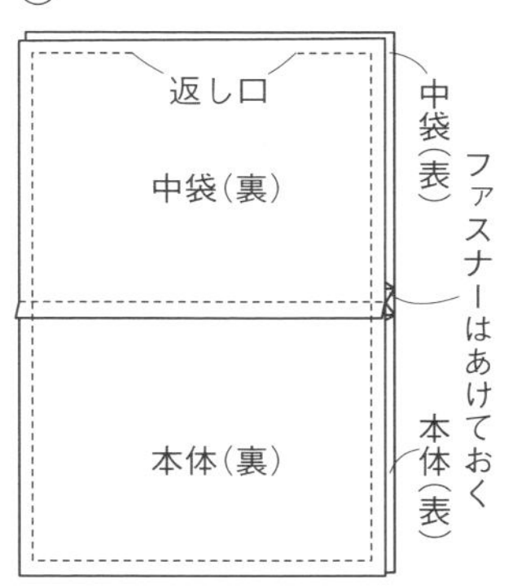

本体同士、中袋同士を中表に重ね
返し口を残して周囲を縫い
表に返して返し口をまつってとじる

ファスナー飾りの付け方

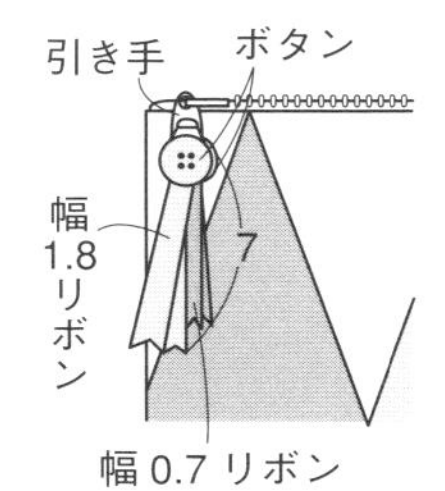

２枚のリボンを重ねて引き手に通し
ボタンではさんで縫い止める

実物大型紙

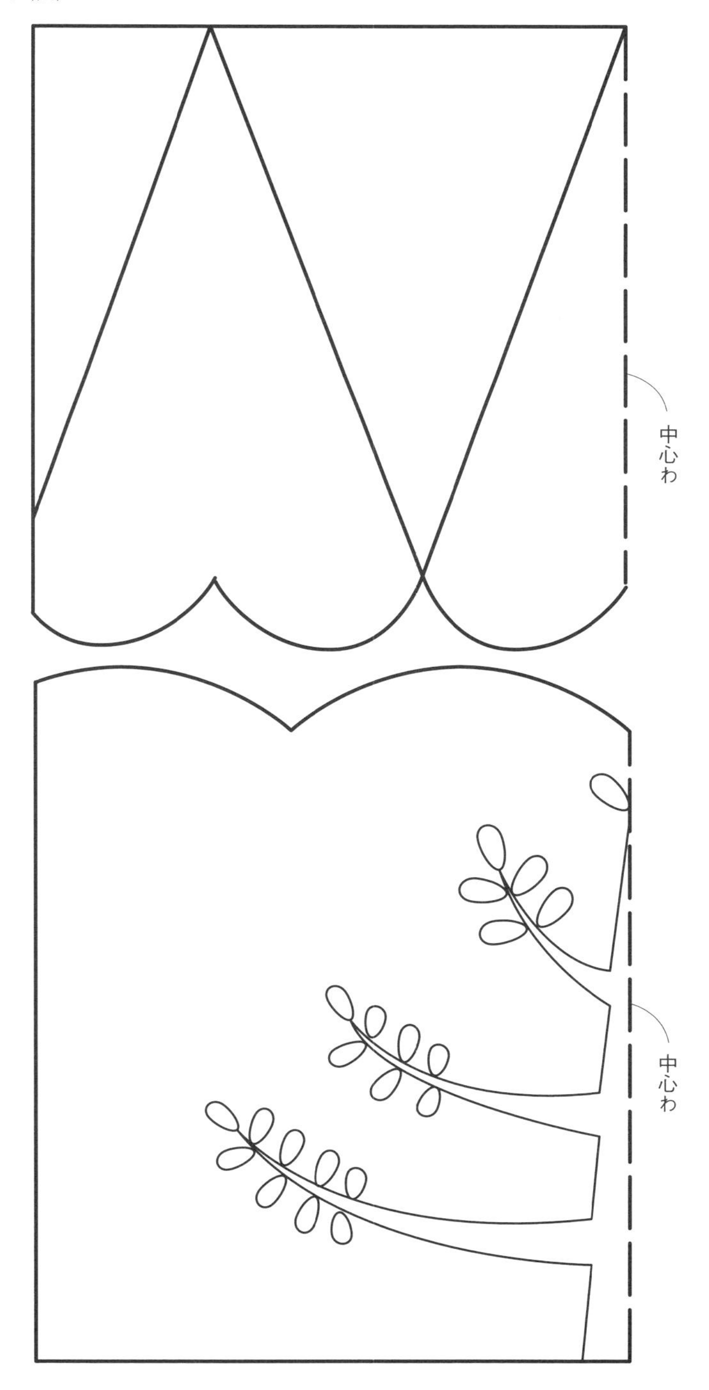

P.6	ポーチ in ポーチ	10.5 × 21.5cm

材料

モチーフ飾り布各種　モチーフ台布100×15cm　接着キルト綿70×10cm　本体用布、中袋用布各25×25cm　長さ20cm両開きファスナー1本　直径1cm縫い付けタイプマグネットボタン2組　直径0.8〜1.2cmボタン11個　幅0.8cmじゃばらテープ30cm　両面接着シート適宜

作り方のポイント

●スカラップキルトの作り方は10ページ参照。
●本体の作り方は、67ページの仕立て方を参照。

作り方

❶スカラップキルトを作り、縫い合わせてカバーを作る。
❷ファスナーをはさんで本体を作る。
❸カバーと本体にマグネットボタンを付ける。
❹本体のファスナーの引き手にファスナー飾りを作って付ける。
❺本体をカバーに入れる。

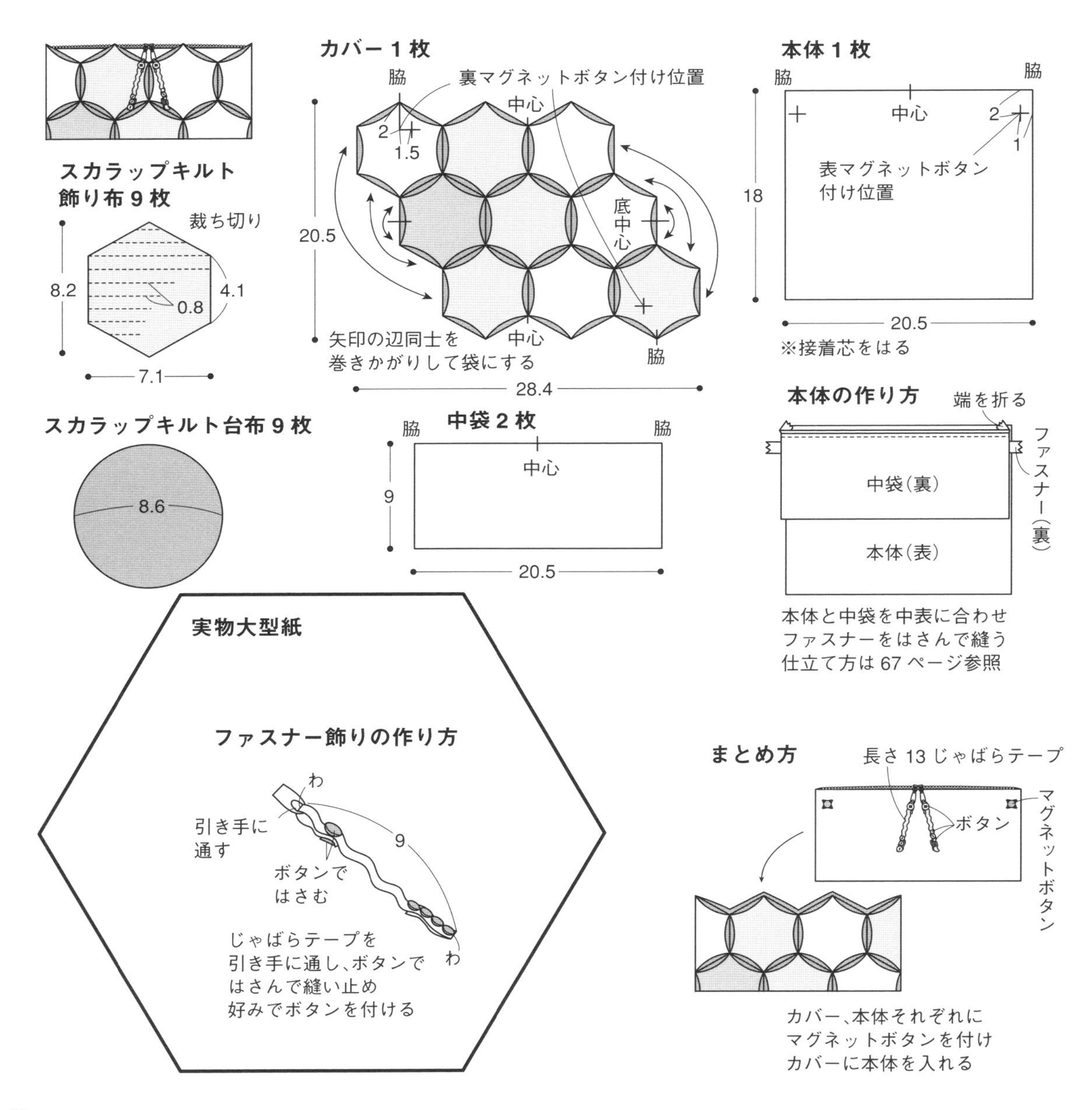

P.8	花のバケツ形バッグ	23 × 24cm

材料

本体用布（花びら、パイピング用バイヤステープ分含む）110×70cm　底用布20×20cm　接着キルト綿、裏打ち布各70×30cm　幅3.5cmグログランリボン65cm　直径0.8cmボタン45個　直径1cm縫い付けタイプマグネットボタン1組

作り方のポイント

●立体花の作り方は11ページ参照。

作り方

❶立体花を45枚作る。
❷本体と底に接着キルト綿をはり、裏打ち布を重ねてしつけをかけてキルティングする。
❸本体を中表に合わせて両脇を縫う。
❹本体と底を中表に合わせて縫う。
❺中袋を本体同様に縫う。
❻本体の口をパイピングで始末する。
❼持ち手を付ける。
❽本体に立体花を縫い付けてボタンを付ける。
❾内側に中袋をまつり付け、マグネットボタンを付ける。

P.13 ｜ 花いっぱいのポーチ ｜ 15 × 17.5cm

材料

ヨーヨーキルト、葉用布各種　本体前用布25×15cm　本体後ろ用布（本体前、バイヤステープ分含む）50×25cm　接着キルト綿、裏打ち布、中袋用布各45×20cm　長さ15cmファスナー1本　幅2cmタブ用リボン5cm　直径0.7cmボタン適宜

作り方のポイント

●ヨーヨーキルトの作り方は14ページ、葉の作り方は72ページ参照。

●ヨーヨーキルトと葉は自由に配置する。ヨーヨーキルトはしつけ糸で中心を留め、バランスがよくなったらボタンかステッチで付ける。

作り方

❶ヨーヨーキルトと葉を作る。
❷本体前をピーシングしてまとめる。本体後ろは一枚布。
❸本体に接着キルト綿をはり、裏打ち布を重ねてしつけをかけてキルティングする。
❹本体前にヨーヨーキルトと葉を付ける。
❺タブをはさみ、本体前と後ろを中表に合わせて縫う。
❻中袋を本体同様に縫う。
❼本体と中袋を外表に合わせ、口をバイヤステープで始末する。
❽ファスナーを付ける。

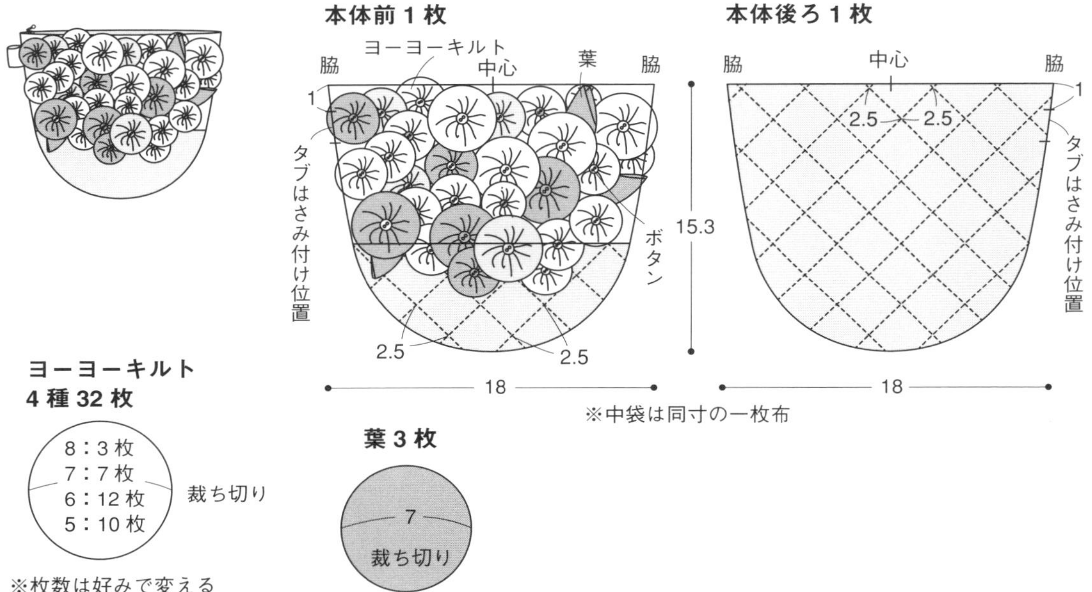

仕立て方

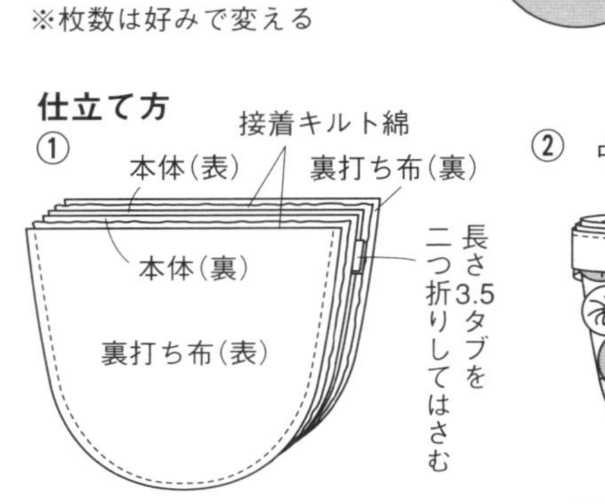

タブをはさんで本体を中表に合わせて縫う
中袋も同様に縫う

本体と中袋を外表に合わせ
バイヤステープを中表に合わせて縫う

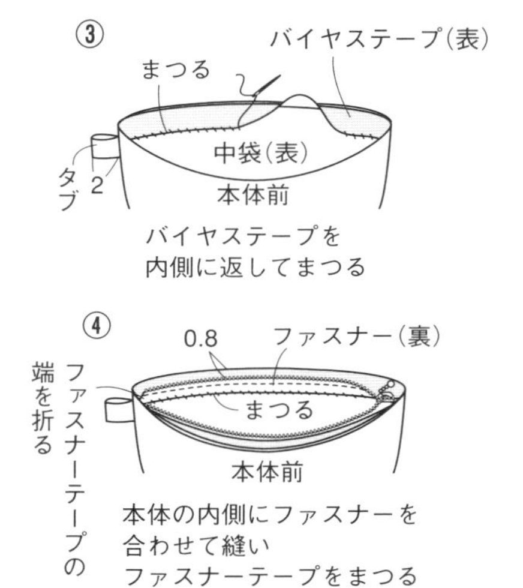

バイヤステープを内側に返してまつる

本体の内側にファスナーを合わせて縫い
ファスナーテープをまつる

実物大型紙

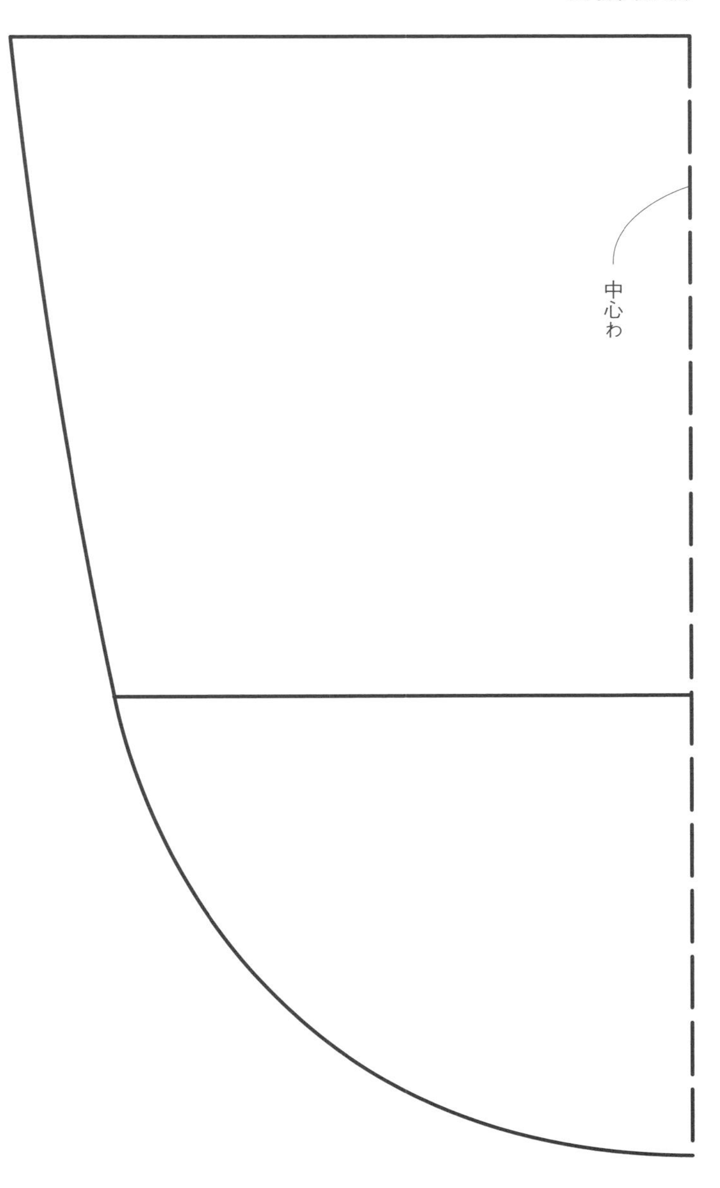

P.12　ヨーヨーの花束のバッグ　30×25cm

材料

ヨーヨーキルト、葉用布各種　本体前用布（パイピング用バイヤステープ分含む）55×35cm　本体後ろ用布30×35cm　接着キルト綿、裏打ち布、中袋用布各60×35cm　長さ30cm持ち手1組　幅0.7cmじゃばらテープ45cm　幅0.4cmリボン85cm　フェルト、直径0.5～0.7cmボタン各適宜

作り方のポイント

●ヨーヨーキルトの作り方は14ページ参照。
●ヨーヨーキルト、葉、じゃばらテープは自由に配置する。ヨーヨーキルトはしつけ糸で中心を留め、バランスがよくなったらボタンで止め付ける。
●持ち手は表にひびかないように縫い付ける。

作り方

❶ヨーヨーキルトと葉を作る。
❷本体に接着キルト綿をはり、裏打ち布を重ねてしつけをかけてキルティングする。
❸本体前にじゃばらテープと葉、ヨーヨーキルトを付ける。
❹本体を中表に合わせて両脇と底を縫い、マチを縫う。
❺中袋を本体同様に縫う。
❻本体と中袋を外表に合わせ、口をパイピングで始末する。
❼持ち手とリボンを付ける。

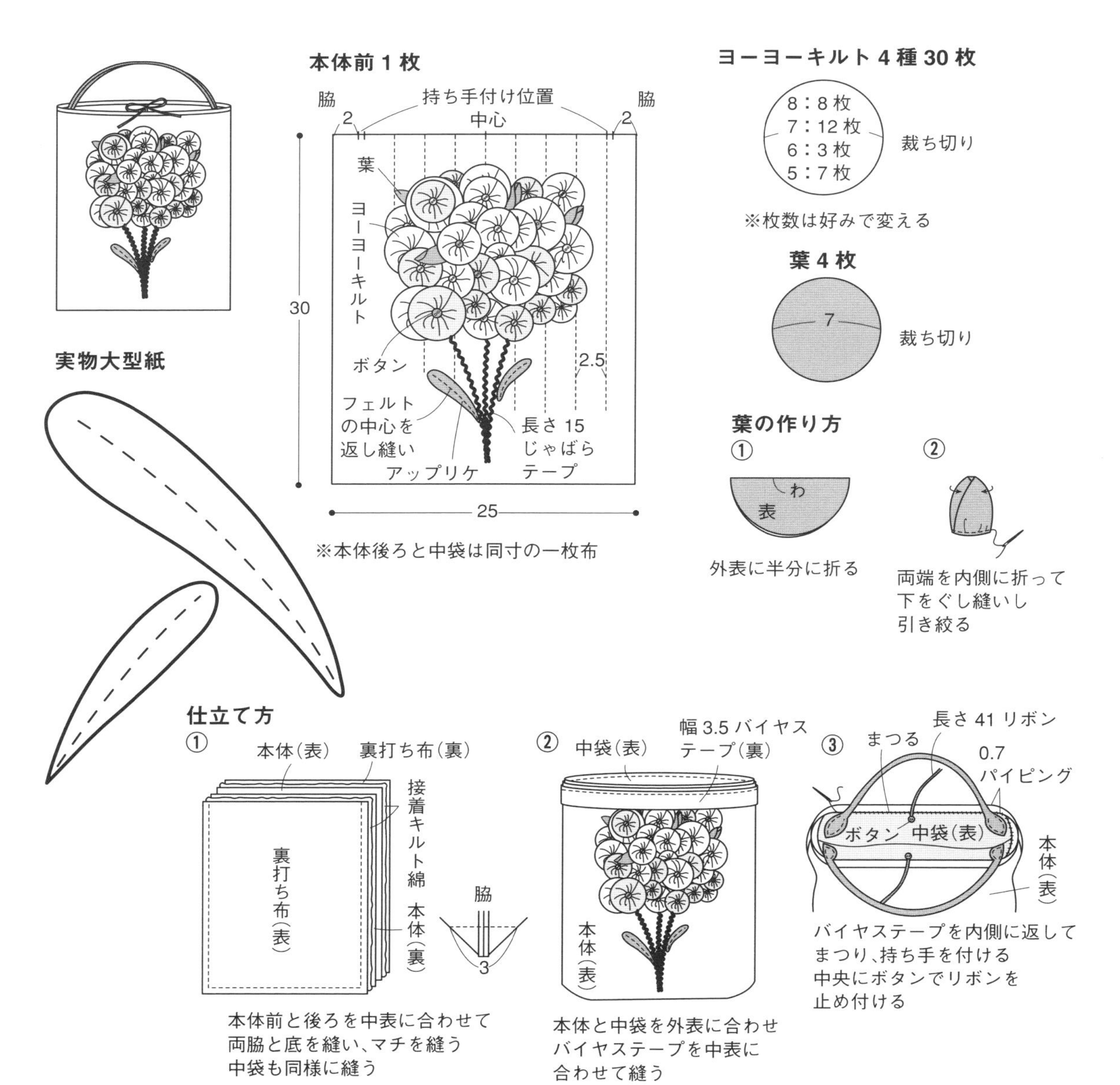

P.18	ふんわりパフのクッション	大 30 × 30cm　小 24 × 24cm

材料

大　台布110×20cm　表布A用布90×30cm　飾り布B用布110×15cm　本体後ろ用布50×40cm　30×30cmヌードクッション1個　手芸綿適宜

小　台布70×20cm　飾り布2種各90×15cm　本体後ろ用布45×30cm　24×24cmヌードクッション1個

作り方のポイント

●パフの作り方は20ページ参照。
●縫い代は1cm付ける。
●大のパフには綿が詰まっているので、ヌードクッションの綿はしっかり詰まっていなくてもよい。
●パフの縫い代は割り、仕立ての縫い代はジグザグミシンやバイヤステープで始末するとよい。

作り方

❶パフを作り、本体前をまとめる。
❷本体後ろを作る。
❸本体前と後ろを中表に合わせて周囲を縫う。
❹表に返して大はパフに綿を詰め、ヌードクッションを入れる。

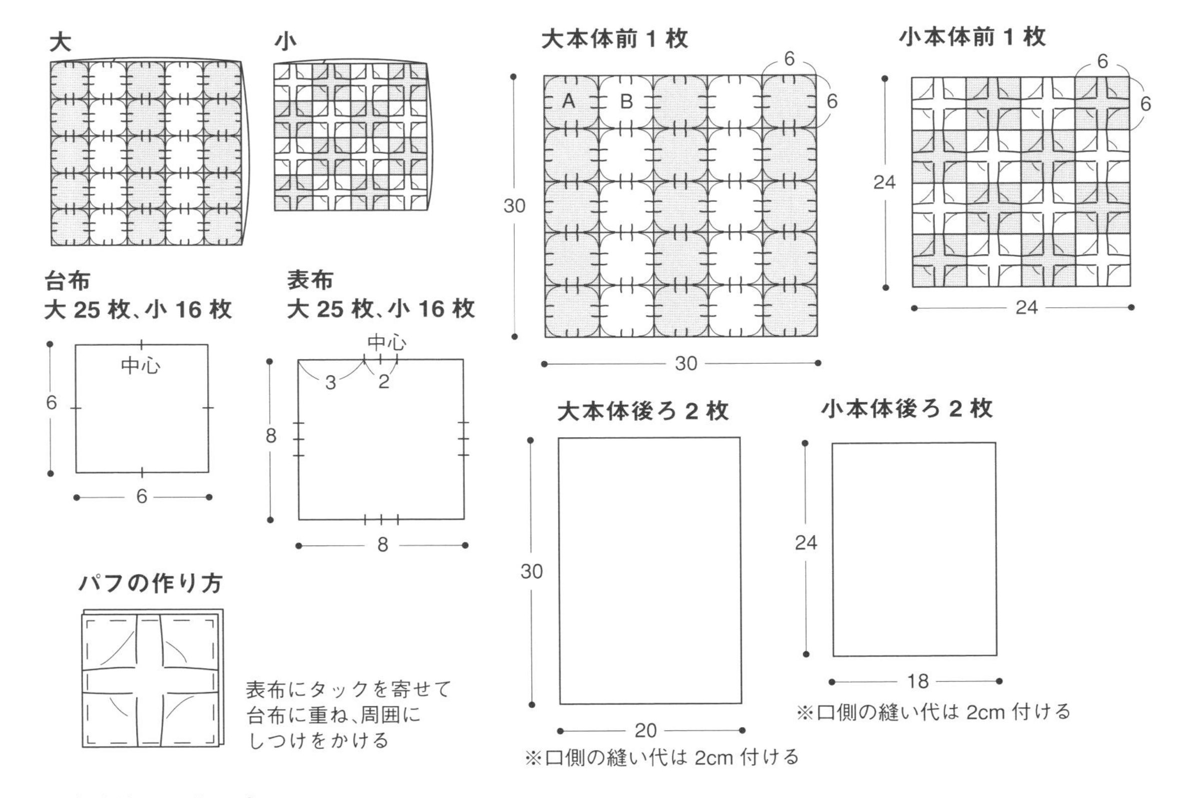

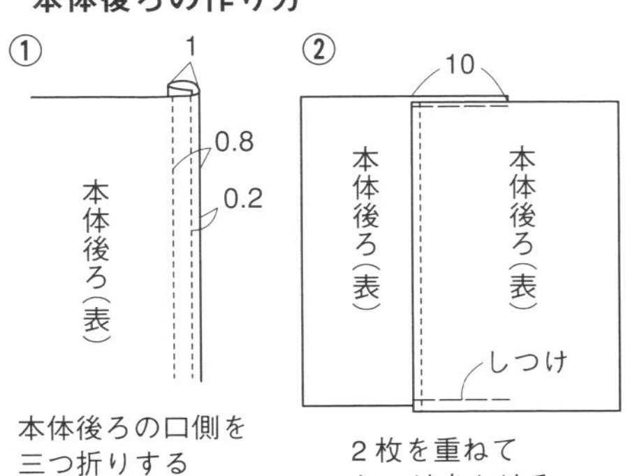

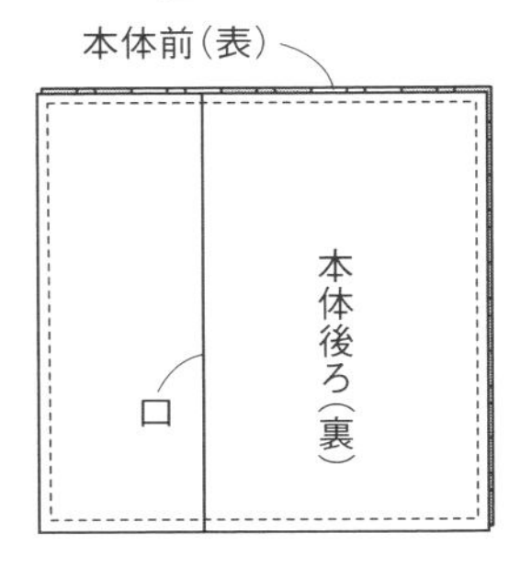

本体前と後ろを中表に合わせて
周囲を縫い、口から表に返す

P.17	ぺたんこパフのポーチ	12 × 20cm

材料

パフ表布（ファスナー飾り分含む）95×20cm　中袋（内ポケット分含む）65×20cm　本体用布（底分含む）70×10cm　接着キルト綿70×15cm　直径2.1cmボタン6個　直径1.2cmボタン4個　長さ21cmファスナー1本

作り方のポイント

●パフの作り方は19ページ参照。

●本体同士、中袋同士を重ねて縫うとき、ファスナーはあけておく。

作り方

❶パフを作り、ピーシングをして本体をまとめる。

❷本体と底にそれぞれ接着キルト綿をはり、キルティングする。

❸内ポケットを作り、中袋に付ける。

❹本体と中袋を中表に合わせ、ファスナーをはさんで縫う。

❺本体と底を中表に合わせて縫う。

❻本体同士、中袋同士を中表に合わせ、両脇と底を縫う。

❼マチを縫う。

❽表に返して返し口をとじる。

❾ファスナー飾りを作って付ける。

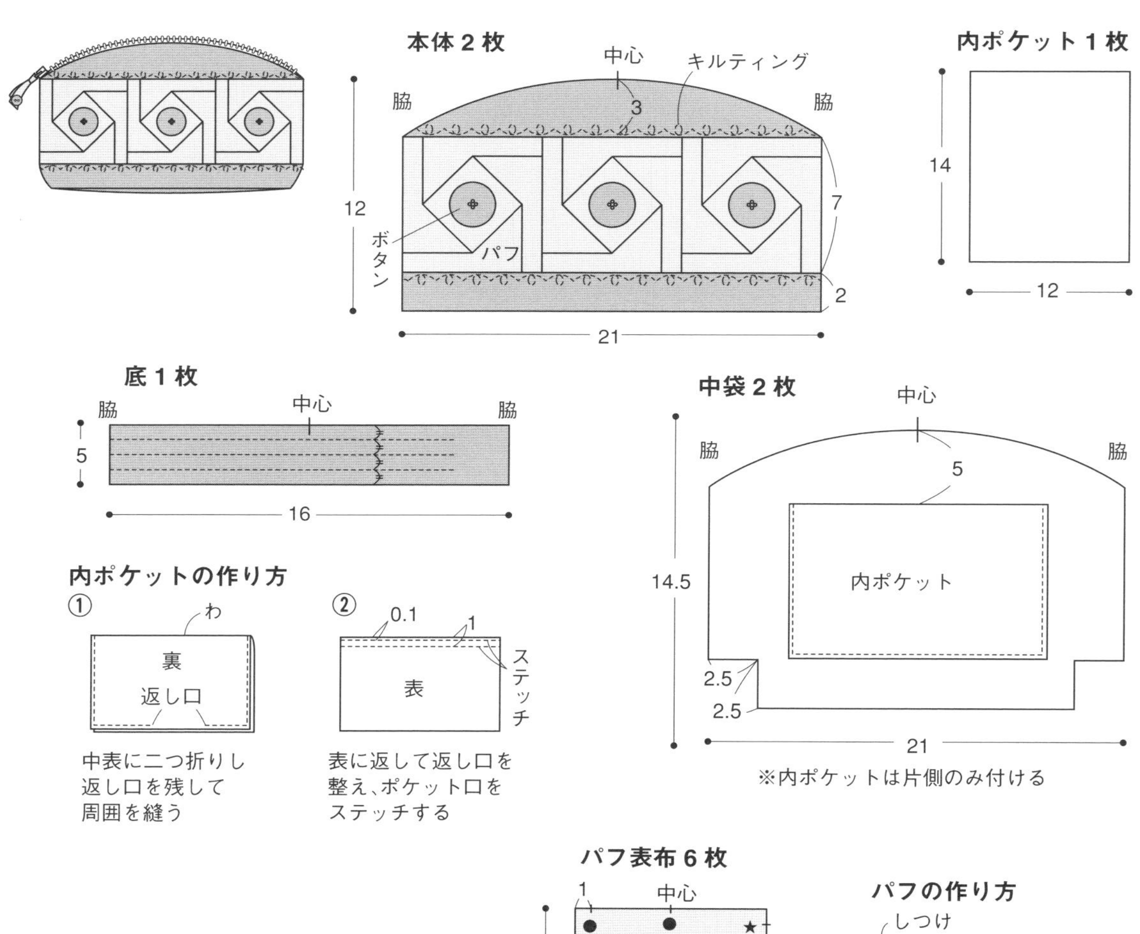

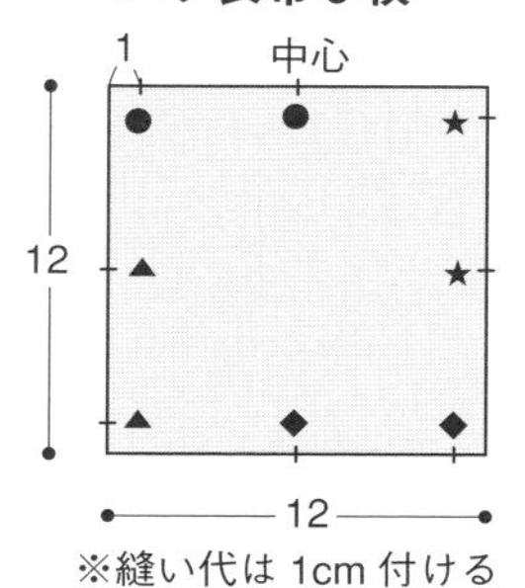

パフの作り方

しつけ

ボタン

表布にタックをとり、周囲にしつけをかけ、中心にボタンを付ける

仕立て方

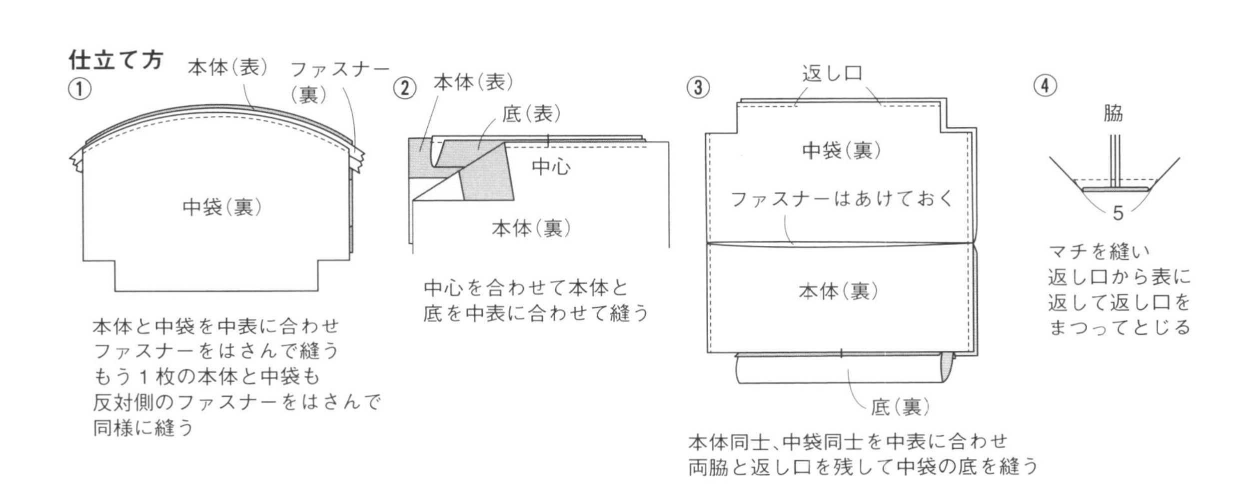

① 本体と中袋を中表に合わせ
ファスナーをはさんで縫う
もう１枚の本体と中袋も
反対側のファスナーをはさんで
同様に縫う

② 中心を合わせて本体と
底を中表に合わせて縫う

③ 本体同士、中袋同士を中表に合わせ
両脇と返し口を残して中袋の底を縫う

④ マチを縫い
返し口から表に
返して返し口を
まつってとじる

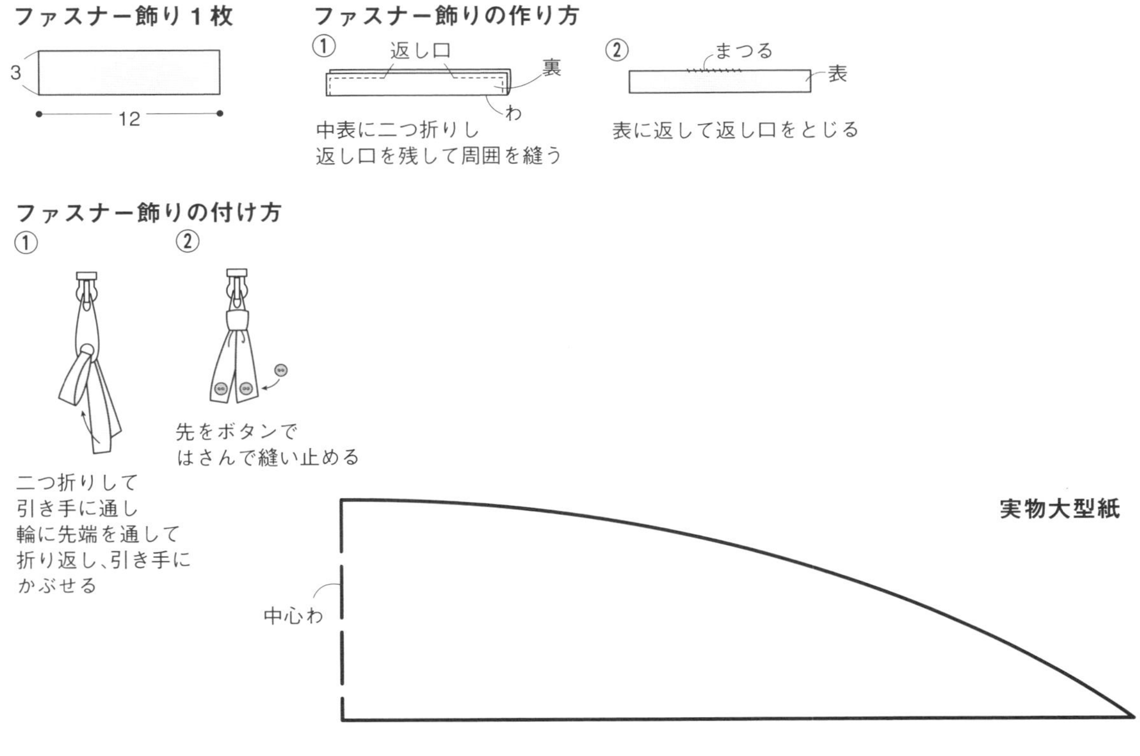

ファスナー飾り１枚

ファスナー飾りの作り方

① 中表に二つ折りし
返し口を残して周囲を縫う

② 表に返して返し口をとじる

ファスナー飾りの付け方

① 二つ折りして
引き手に通し
輪に先端を通して
折り返し、引き手に
かぶせる

② 先をボタンで
はさんで縫い止める

実物大型紙

P.16	ぺたんこパフのミニバッグ	24×24cm

材料

パフ表布（中袋見返し、持ち手A分含む）100×50cm　本体後ろ用合皮（持ち手B分含む）40×40cm　中袋用布（内ポケット、ポケット裏布分含む）90×25cm　接着キルト綿30×30cm　直径0.9cmコットンパール13個

作り方のポイント

●パフの作り方は19ページ参照。

作り方

❶パフを作り、本体前をまとめる。
❷本体前に接着キルト綿をはり、キルティングする。
❸パフでポケットを作り、本体後ろに付ける。
❹持ち手を作る。
❺内ポケットを作り、中袋に付ける。
❻本体前と本体後ろを中表に合わせ、両脇と底を縫う。
❼中袋は底に返し口を残して、本体と同様に縫う。
❽本体に持ち手を仮留めし、中袋を中表に合わせて口を縫う。
❾表に返して返し口をとじ、口をステッチで押さえる。

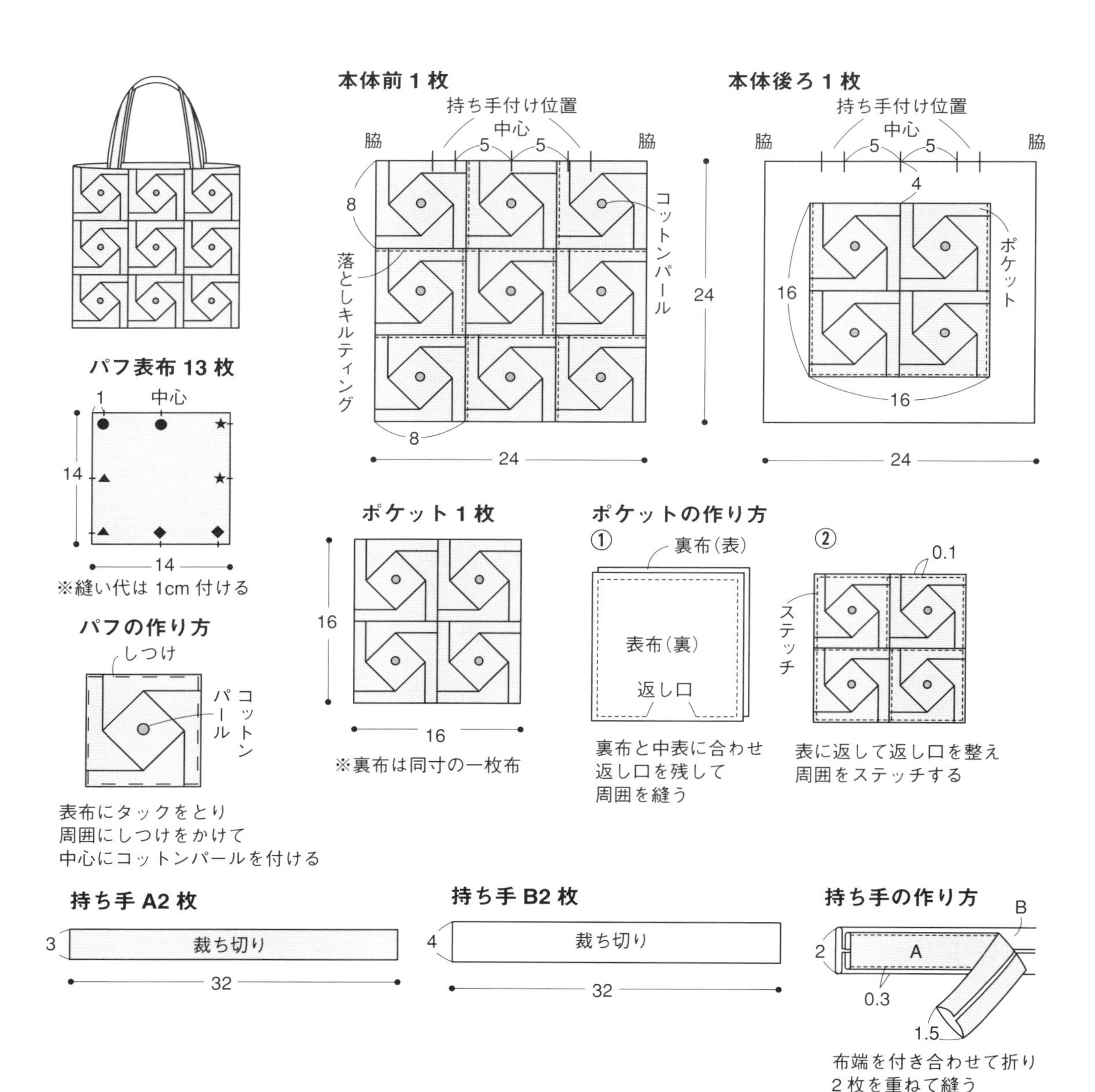

中袋２枚

脇　中心　脇
見返し
3
3
内ポケット
24
21
24

※内ポケットは片側のみ付ける

内ポケット２枚

10
15

内ポケットの作り方

①

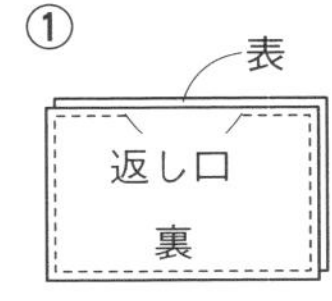

2枚を中表に合わせ
返し口を残して
周囲を縫う

②

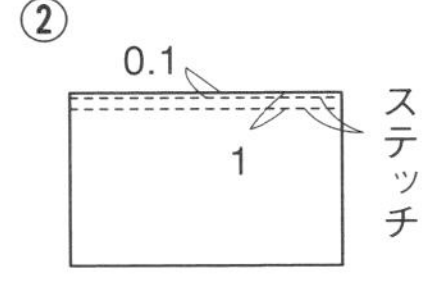

表に返して返し口の
縫い代を整え、口を
ステッチする

仕立て方

①

本体前と後ろを中表に合わせて
周囲を縫う
中袋は底に返し口を残して
同様に縫う

②

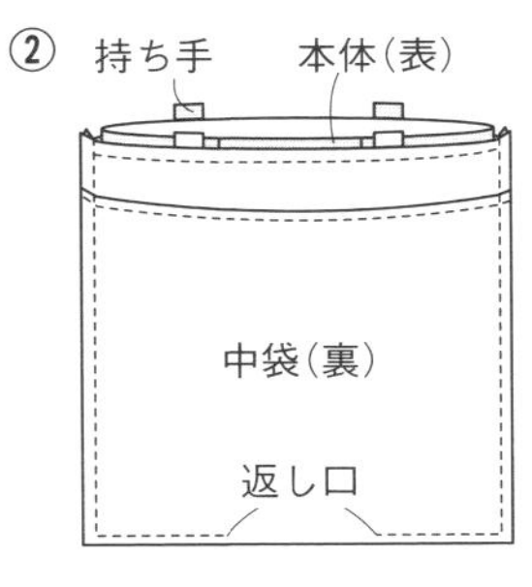

本体に持ち手を仮留めし
中袋を中表に合わせて
口を縫う

③

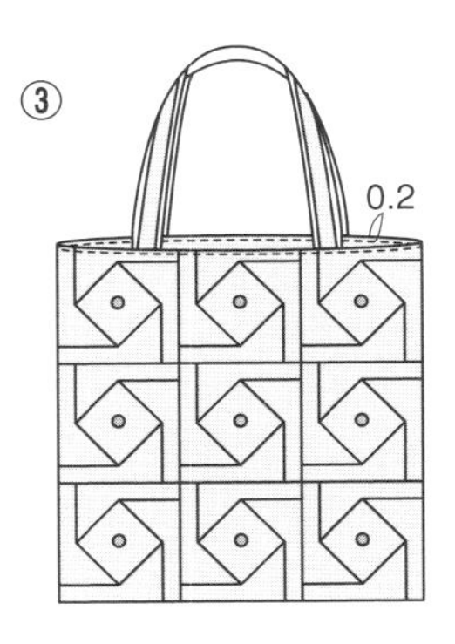

表に返して返し口をまつってとじ
口の周囲をステッチで押さえる

P.22	ハニコムスモッキングのクッション	47 × 47cm

材料

本体前用布（スモッキング用1.5cm格子）80×50cm　額縁用布、接着芯各110×50cm　額縁前用配色布35×15cm　本体後ろ用布40×35cm　長さ30cmファスナー1本　薄手接着芯40×40cm　8番刺繍糸適宜　30×30cmヌードクッション1個

作り方のポイント

●ハニコムスモッキングのしかたは26ページ参照。

●スモッキングは布の格子の大きさによって必要なサイズが変わるので、出来上がりが32×32cmになるようにする。

作り方

❶スモッキングをして本体前を作る。
❷本体後ろにファスナーを付ける。
❸前後の額縁を作る。
❹額縁に本体をそれぞれはめ込んで縫う。
❻前と後ろを中表に合わせて周囲を縫う。
❼表に返してステッチをする。
❽ヌードクッションを入れる。

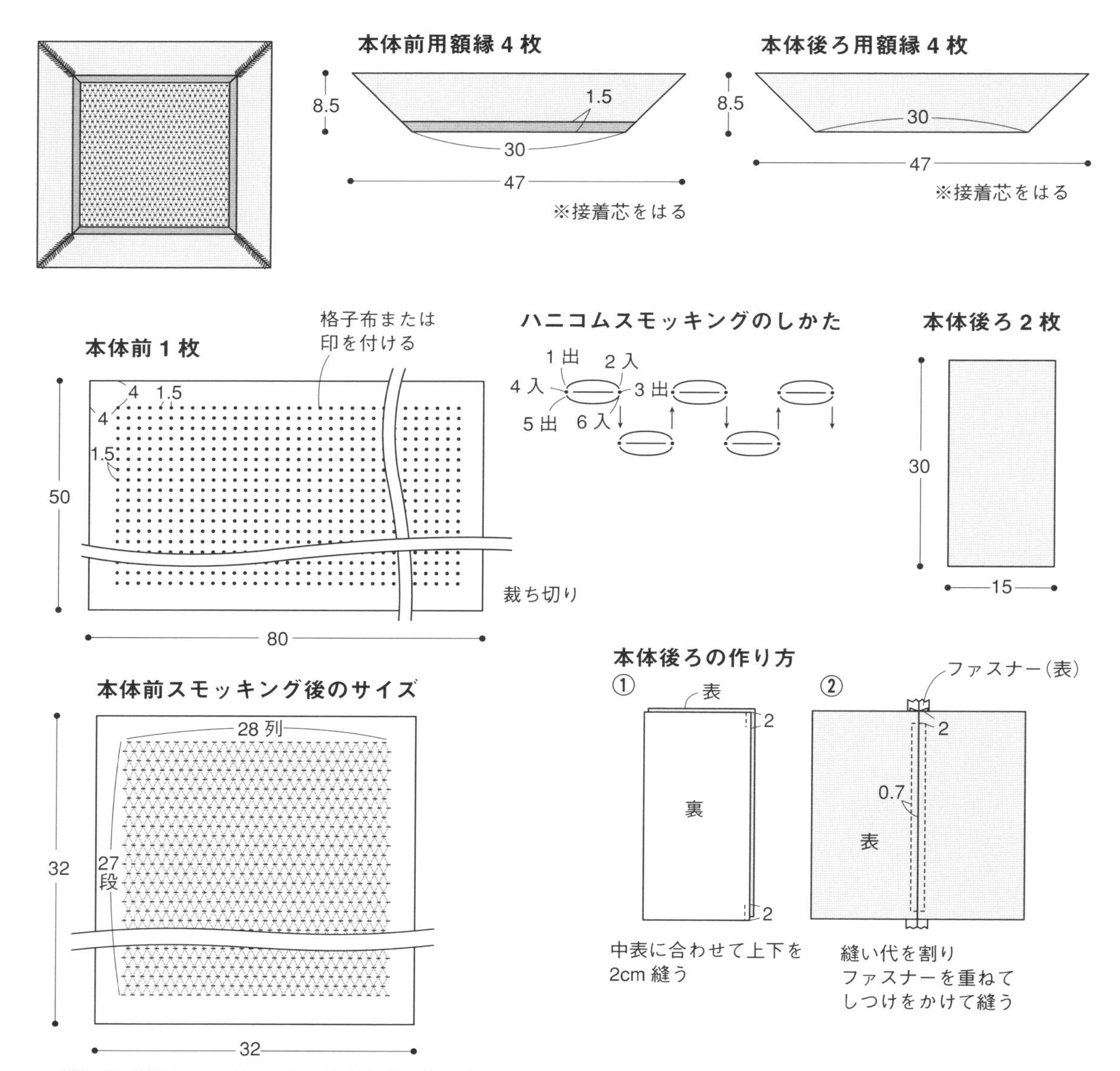

仕立て方

①

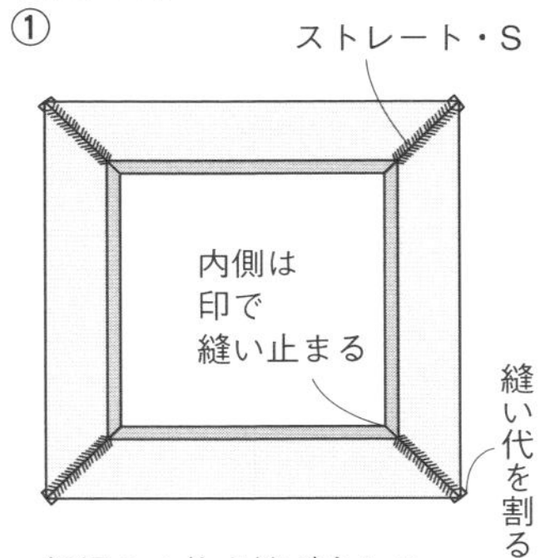

額縁の4枚を接ぎ合わせ
縫い代を割って刺繍をする
後ろ用は刺繍なしで同様に作る

②

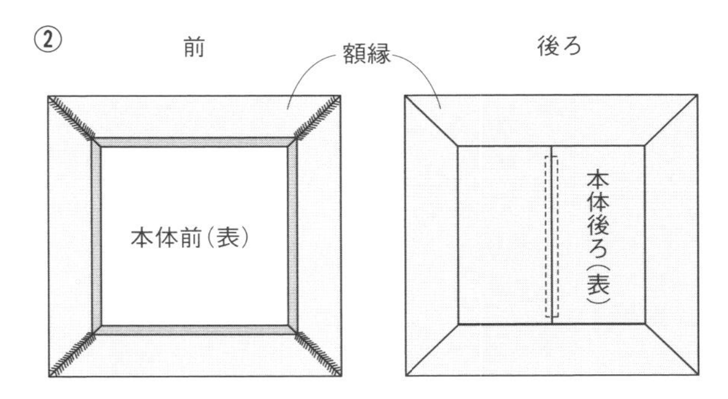

額縁に本体を中表に合わせ
印から印までを縫って内側にはめ込む

③

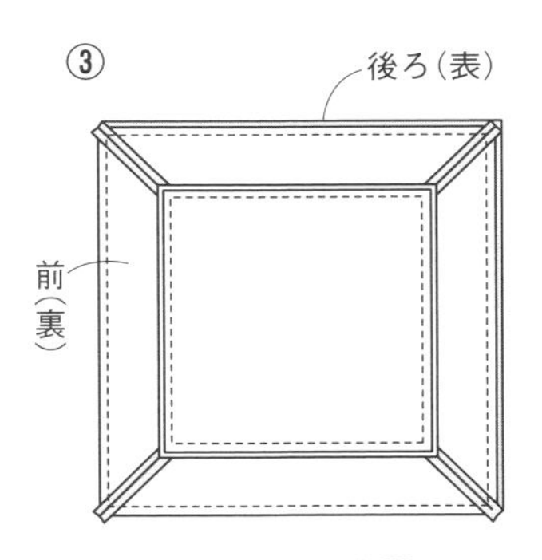

前とファスナーを開けた
後ろを中表に合わせて
周囲を縫う

④

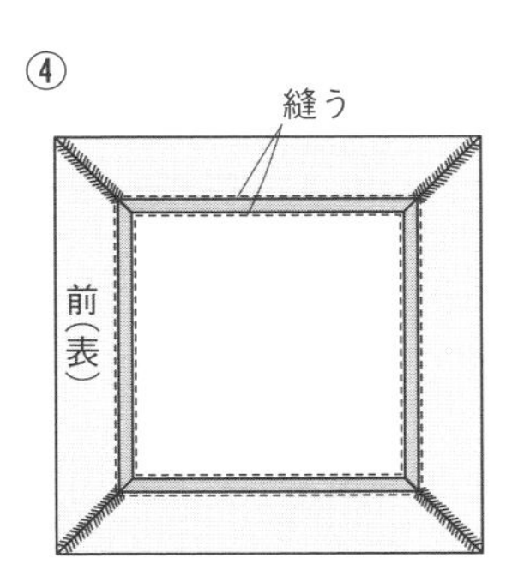

表に返して額縁のきわと内側を縫い
ヌードクッションを入れる

ストレートステッチの刺し方

①

②

P.23 | 円のスモッキングバッグ | 38×28cm

材料

本体用布（見返し、ループ分含む）70×50cm　中袋用布70×35cm　スモッキングモチーフ用布（つつみボタン分含む）80×25cm　接着芯65×50cm　直径0.4cmウッドビーズ51個　幅14cm持ち手1組　直径2.4cmつつみボタン2個　直径1.8cmつつみボタン1個　8番刺繍糸適宜

作り方のポイント

●スモッキングのしかたは26〜29ページ、つつみボタンの作り方は57ページ参照。
●スモッキングとビーズ付けには刺繍糸を使う。
●ループ付け位置は持ち手の幅に合わせる。

作り方

❶スモッキングモチーフAとBを作る。
❷本体を中表に合わせて周囲を縫う。
❸中袋を作る。
❹ループを作り、本体に仮留めする。
❺本体と中袋を中表に合わせ、口を縫う。
❻表に返して返し口をとじ、口を星止めする。
❼持ち手を通してループを縫い付ける。
❽スモッキングモチーフを本体前にはる。

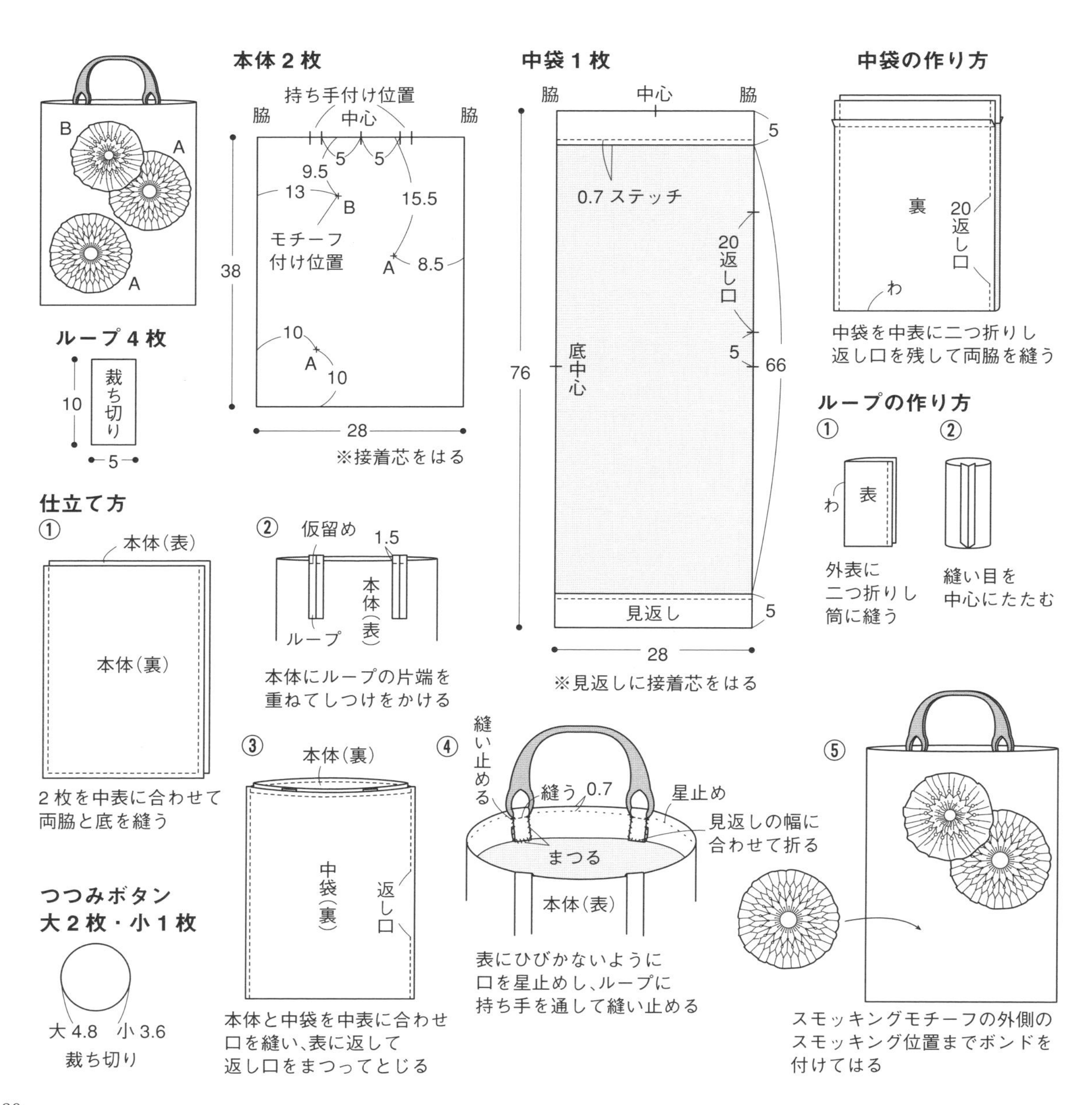

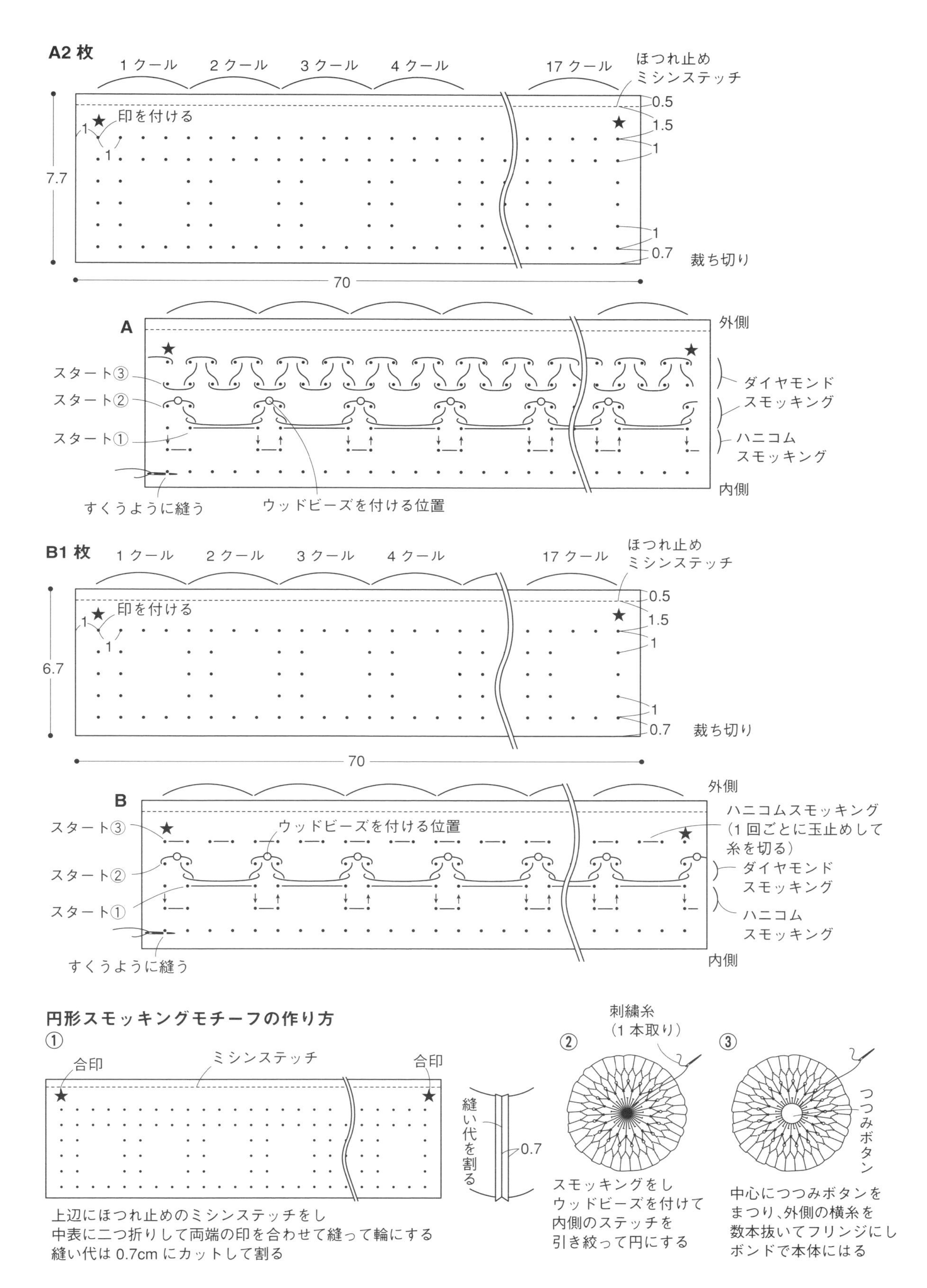
A2枚
1クール
2クール
3クール
4クール
17クール
ほつれ止め
ミシンステッチ
印を付ける
0.5
1.5
1
1
7.7
1
0.7
裁ち切り
70
A
外側
スタート③
スタート②
スタート①
ダイヤモンド
スモッキング
ハニコム
スモッキング
内側
すくうように縫う
ウッドビーズを付ける位置
B1枚
1クール
2クール
3クール
4クール
17クール
ほつれ止め
ミシンステッチ
印を付ける
0.5
1.5
1
1
6.7
1
0.7
裁ち切り
70
B
外側
スタート③
ウッドビーズを付ける位置
ハニコムスモッキング
（1回ごとに玉止めして
糸を切る）
スタート②
ダイヤモンド
スモッキング
スタート①
ハニコム
スモッキング
すくうように縫う
内側
円形スモッキングモチーフの作り方
①
合印
ミシンステッチ
合印
縫い代を割る
0.7
上辺にほつれ止めのミシンステッチをし
中表に二つ折りして両端の印を合わせて縫って輪にする
縫い代は0.7cmにカットして割る
刺繍糸
（1本取り）
②
スモッキングをし
ウッドビーズを付けて
内側のステッチを
引き絞って円にする
③
つつみボタン
中心につつみボタンを
まつり、外側の横糸を
数本抜いてフリンジにし
ボンドで本体にはる

P.24 | # かご模様のポーチ | 18 × 25cm

材料

本体用布55×75cm　厚さ0.2cm本体縁用フェルト（タッセル分含む）、裏布各30×40cm　薄手接着芯35×25cm　幅0.7cmDかん1個　幅0.6cmリボン5cm　幅0.7cmじゃばらテープ75cm　革（タッセル分含む）10×10cm　長さ28cmファスナー1本　直径3cm丸カラビナ1個　8番刺繍糸適宜

作り方のポイント

●カナディアンスモッキングのしかたは30ページ参照。
●刺繍、千鳥がけ、巻きかがりは刺繍糸で刺す。

作り方

❶フェルトをカットし、本体縁を作る。
❷スモッキングをして、本体を作る。
❸本体の周囲にしつけをかけ、接着芯をはる。
❹本体に本体縁を重ねて縫い、じゃばらテープを刺繍で縫い付ける。
❺本体と裏布を外表に縫う。
❻Dかんをはさんで本体を二つ折りして両脇を縫い、巻きかがりをする。
❼口にファスナーを付ける。
❽ファスナーの両端を革でくるんで縫う。
❾タッセルを作って付ける。

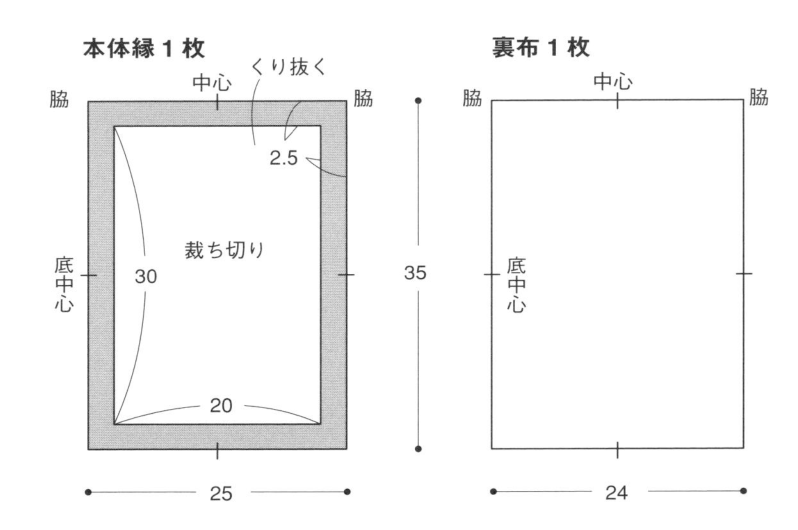

本体１枚

5
5
2
2
74
裁ち切り
54

裏に格子と斜め線の印を付ける

カナディアンスモッキングのしかた

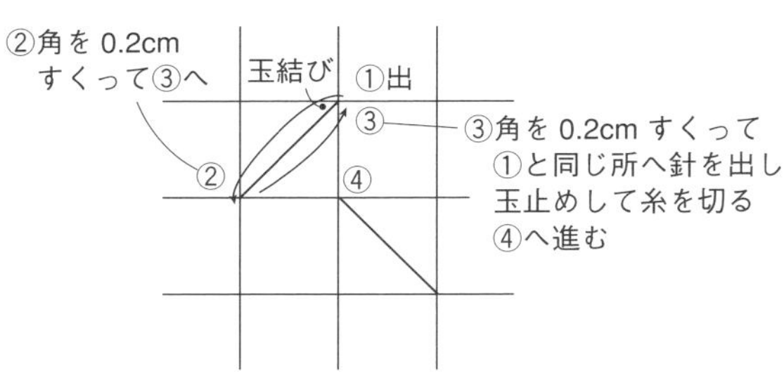

本体の作り方

①

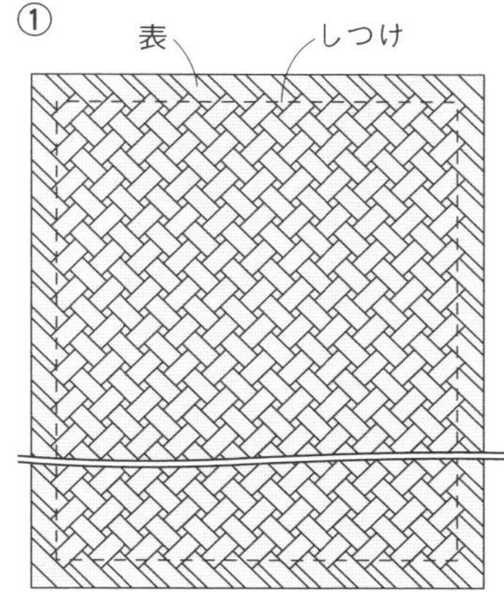

スモッキングをしたら、周囲を丁寧にたたみ
しつけをかけ、裏に接着芯をはる

②

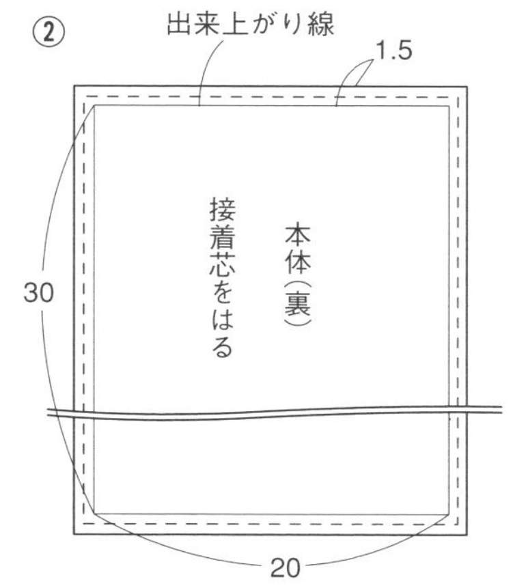

裏に出来上がり線を引き
1.5cm の縫い代を付けてカットする

刺繍の刺し方

フレンチノットステッチ

① ② ③

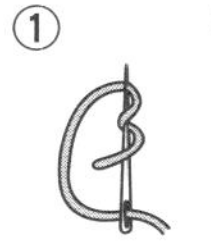

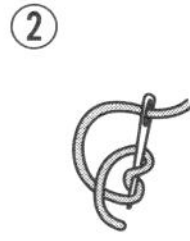

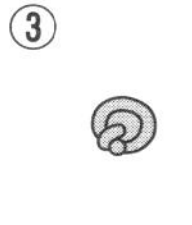

ストレートステッチ

① ②

仕立て方

①

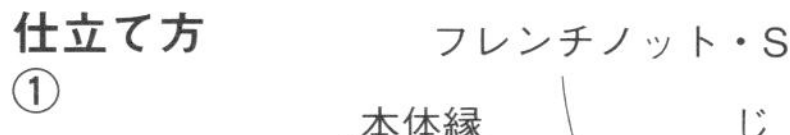

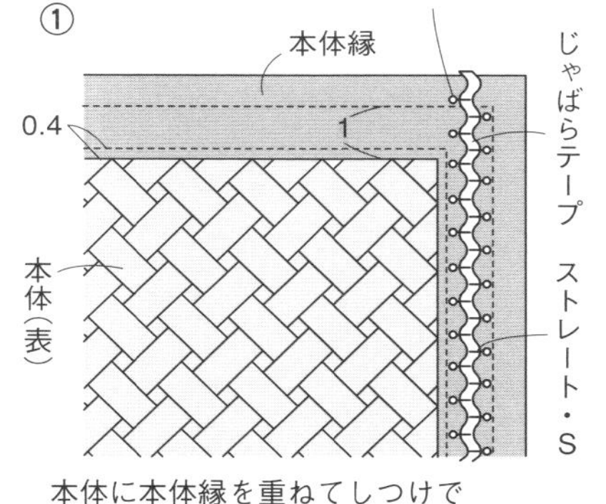

本体に本体縁を重ねてしつけで
仮留めしてから縫う
じゃばらテープを軽く手芸用ボンドで
止め、刺繍で縫い止める

②

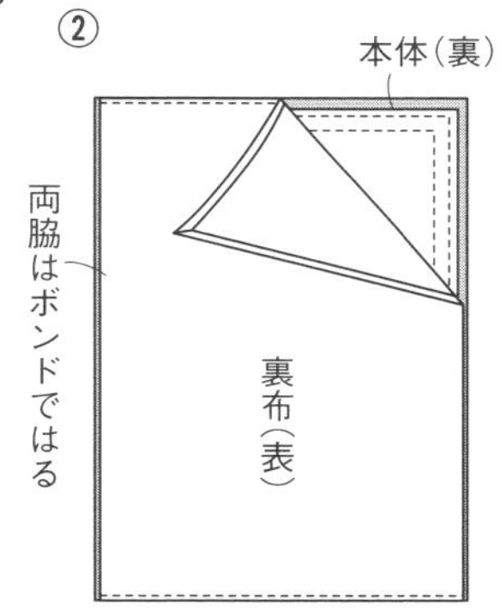

本体に外表に裏布を
重ねて上下を縫う
脇はボンドではる

③

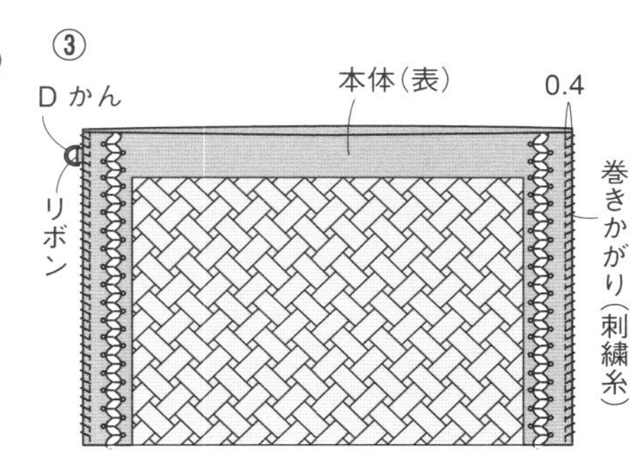

脇にDかんを通して二つ折りしたリボンを
はさんで両脇を縫い、さらに端を巻きかがり
する

④

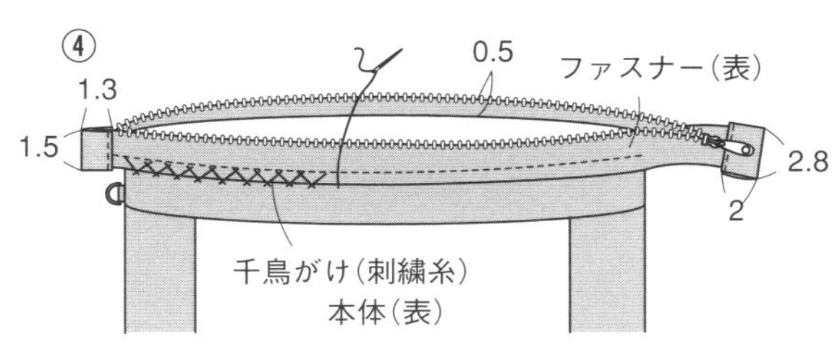

口にファスナーを外付けに重ねて縫い
テープの端を千鳥がけして両端を革でくるむ

タッセル１枚

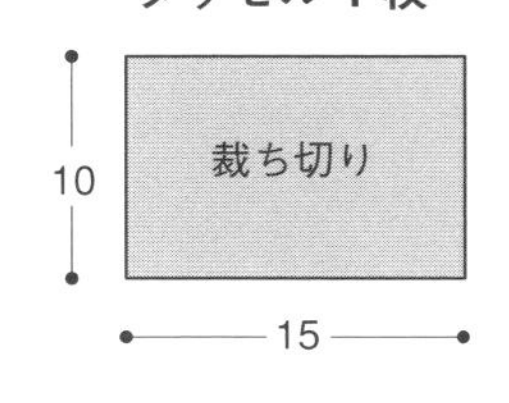

タッセルの作り方

①

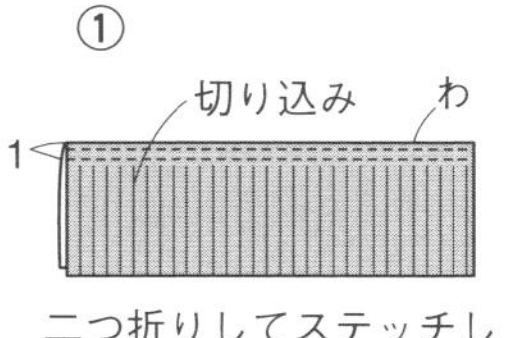

二つ折りしてステッチし
切り込みを入れる

②

革 0.5×8cm を
二つ折り

上部にボンドを付けて
きつめに巻く

③

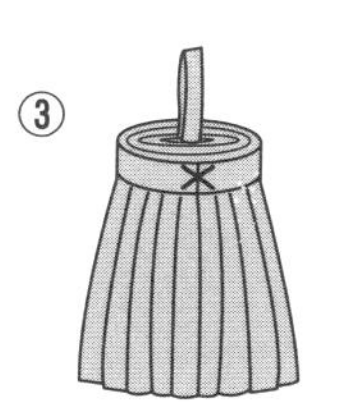

端を刺繍糸で
縫い止める

P.25	カナディアンスモッキングバッグ	32 × 27cm

材料

本体用布（マチ、見返し、ループ分含む）140×100cm　中袋用布85×40cm　接着芯95×15cm　長さ40cmDかん付き持ち手1組　5番刺繍糸適宜

作り方のポイント

●カナディアンスモッキングのしかたは31ページ参照。
●本体は薄手のウールを使用。
●ループの作り方は80ページ参照。

作り方

❶スモッキングをして本体を作る。
❷マチに刺繍をし、接着芯をはる。
❸本体とマチを中表に合わせて縫う。
❹見返しと中袋を作り、縫い合わせてまとめる。
❺ループを作って本体に仮留めする。
❻本体と中袋を中表に合わせ、口を縫う。
❼表に返して返し口をとじ、口を星止めする。
❽持ち手を通してループを縫い付ける。

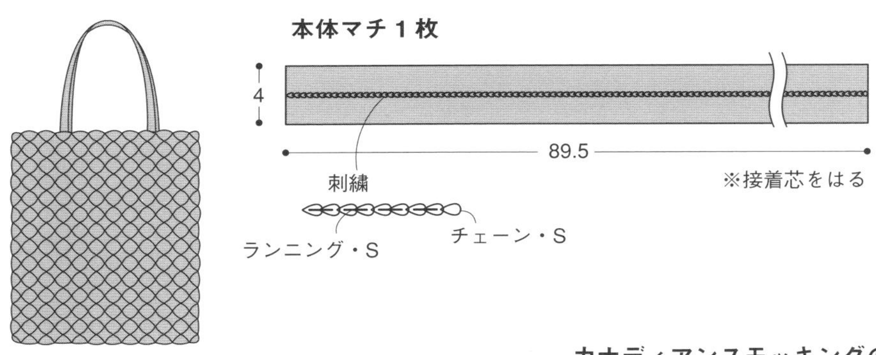

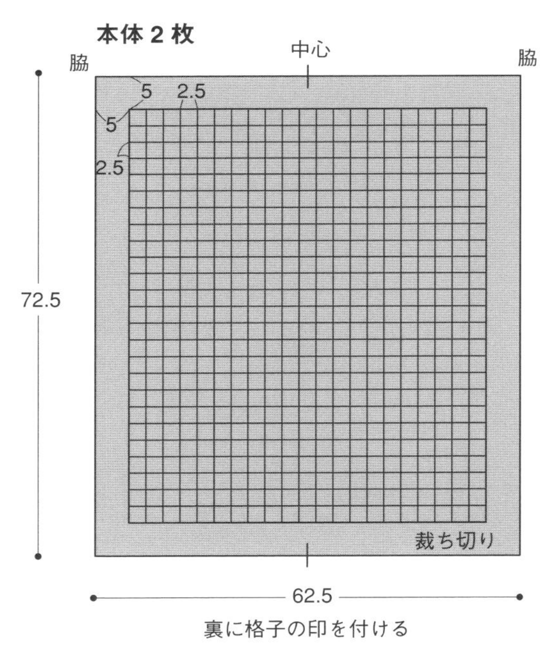

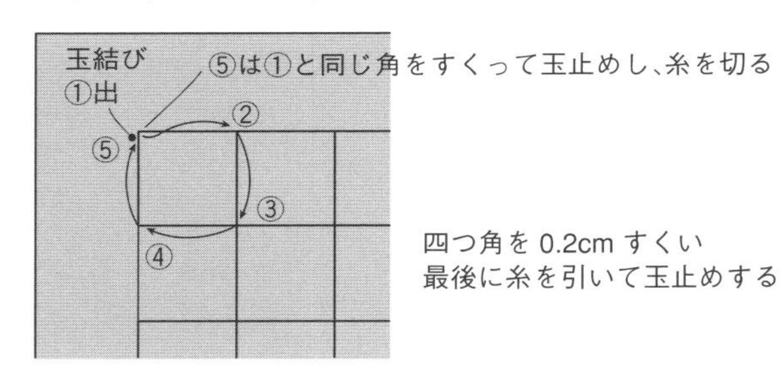

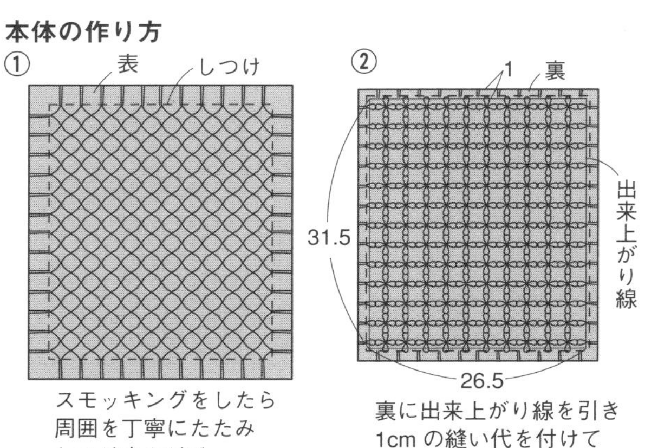

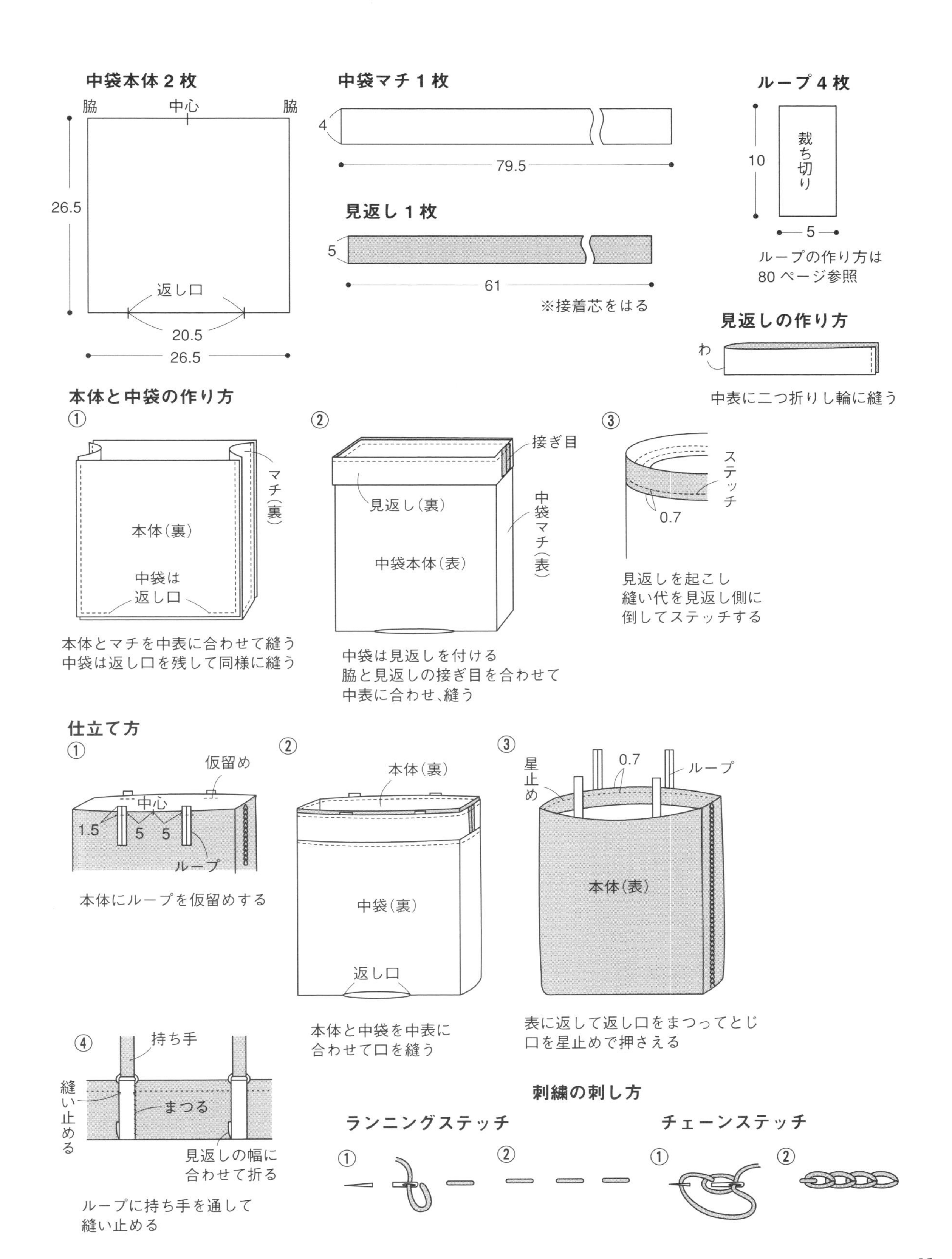
中袋本体２枚
脇
中心
脇
26.5
返し口
20.5
26.5
中袋マチ１枚
4
79.5
見返し１枚
5
61
※接着芯をはる
ループ４枚
10
裁ち切り
5
ループの作り方は
80ページ参照
見返しの作り方
わ
中表に二つ折りし輪に縫う
本体と中袋の作り方
①
マチ（裏）
本体（裏）
中袋は
返し口
本体とマチを中表に合わせて縫う
中袋は返し口を残して同様に縫う
②
接ぎ目
見返し（裏）
中袋マチ（表）
中袋本体（表）
中袋は見返しを付ける
脇と見返しの接ぎ目を合わせて
中表に合わせ、縫う
③
ステッチ
0.7
見返しを起こし
縫い代を見返し側に
倒してステッチする
仕立て方
①
仮留め
中心
1.5
5
5
ループ
本体にループを仮留めする
②
本体（裏）
中袋（裏）
返し口
本体と中袋を中表に
合わせて口を縫う
③
星止め
0.7
ループ
本体（表）
表に返して返し口をまつってとじ
口を星止めで押さえる
④
持ち手
縫い止める
まつる
見返しの幅に
合わせて折る
ループに持ち手を通して
縫い止める
刺繍の刺し方
ランニングステッチ
①
②
チェーンステッチ
①
②

P.32	ウェーブキルトのクッション	43 × 43cm

材料

A用布（本体後ろb分含む）55×50cm　B用布20×50cm　C用布（本体後ろa分含む）60×50cm　長さ40cmファスナー1本　接着芯5×45cm

作り方のポイント

●ピンタックとウェーブキルトのしかたは36ページ参照。
●縫い代は1cm付ける。本体後ろの口のみ4cmと2cm付ける。

作り方

❶本体前をピーシングしてタックをとる。
❷ファスナーを付けて本体後ろを作る。
❸本体前と後ろを中表に合わせて周囲を縫い、縫い代にジグザグミシンをかける。

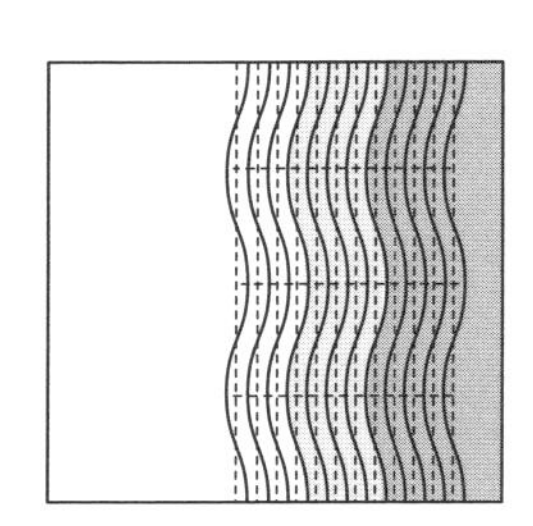

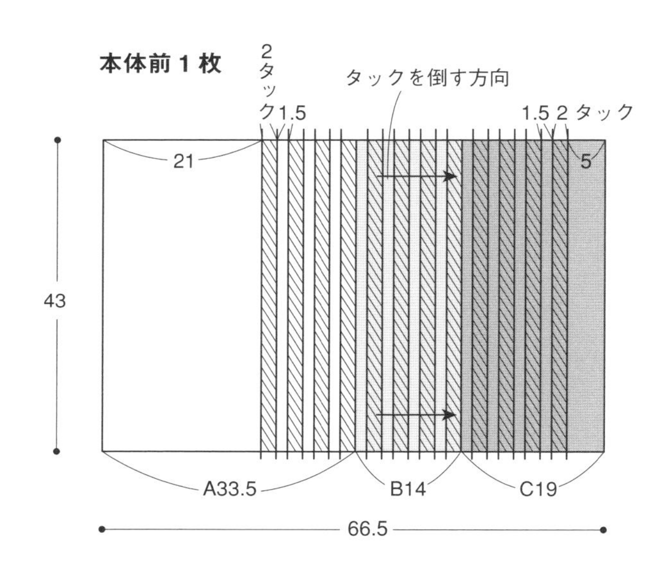

本体前の作り方

タックを倒す方向
11.5
②
10
①
10
③
11.5
43
43

まずタックをとって倒してから中心①を縫う
次にタックを逆に倒して②と③を縫う

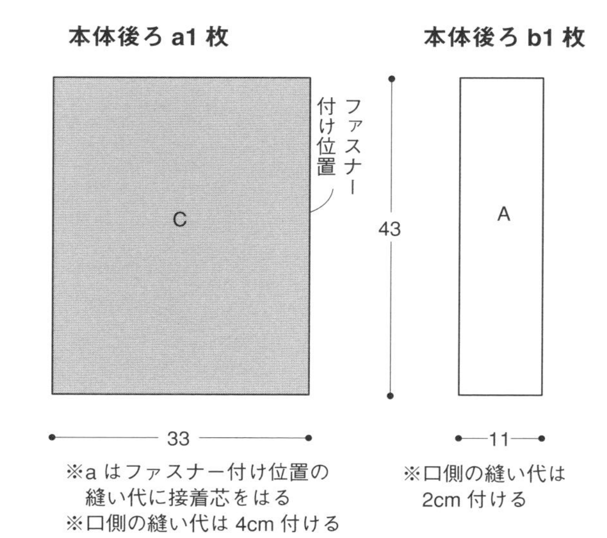

本体後ろの作り方

①

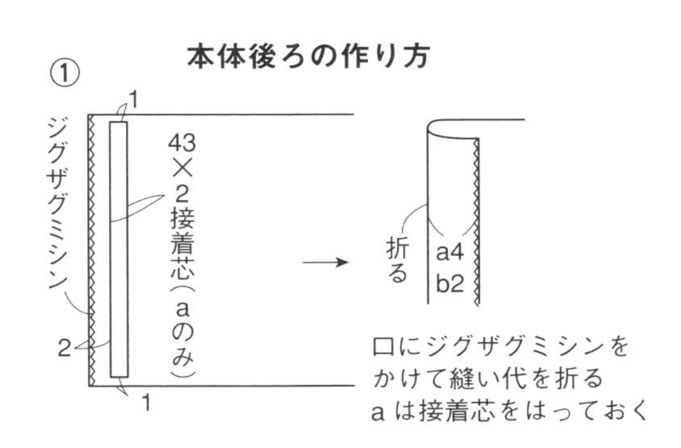

口にジグザグミシンをかけて縫い代を折る
aは接着芯をはっておく

②

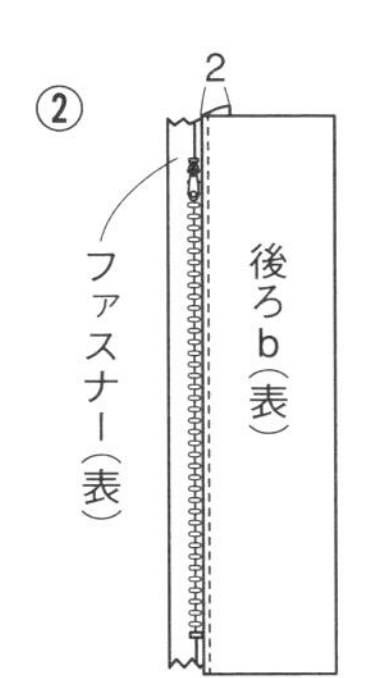

本体後ろbの口の縫い代をファスナーに重ねて縫う

③

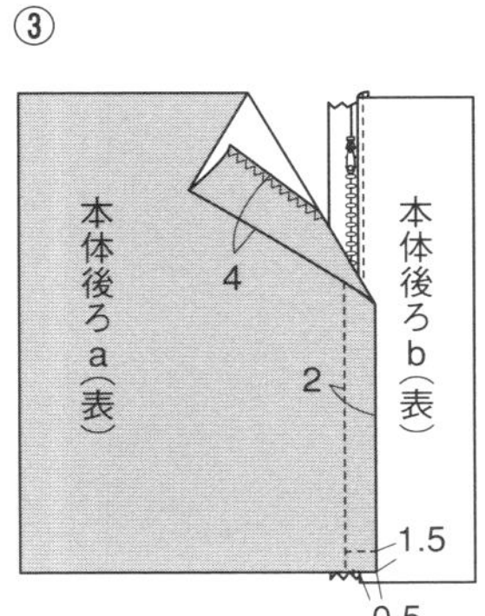

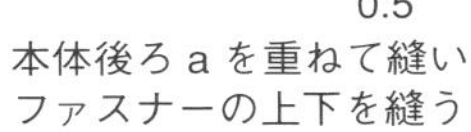

本体後ろaを重ねて縫い
ファスナーの上下を縫う

仕立て方

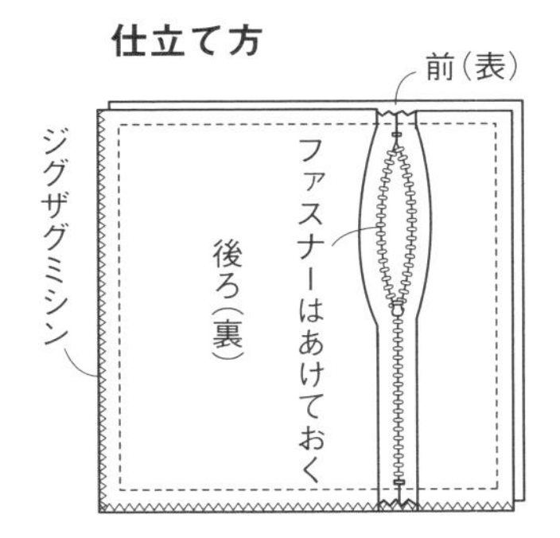

本体前と後ろを中表に合わせて
周囲を縫い、縫い代に
ジグザグミシンをかける

口絵60ページ 白いクラッチバッグ
作り方103ページ
実物大図案

P.33 ｜ 白いベビーキルト ｜ 110 × 90cm

材料

ア〜エ用布（ボーダー分含む）110×220cm　キルト綿、裏打ち布各100×120cm

作り方のポイント

●ピンタックとウェーブキルトのしかたは36ページ参照。

●ボーダーはピンタックのみとっておき、裏打ち布を縫い合わせてから最後にウェーブキルトに倒して縫う。

作り方

❶タックをとってピンタックとウェーブキルトを作り、ア〜エとボーダーを作る。

❷ア〜エを縫い合わせ、ボーダーを周囲に縫い合わせてまとめる。

❸裏打ち布を中表に合わせ、キルト綿を重ねて周囲を縫う。

❹表に返して返し口をとじる。

❺ボーダーのウェーブキルトを縫う。

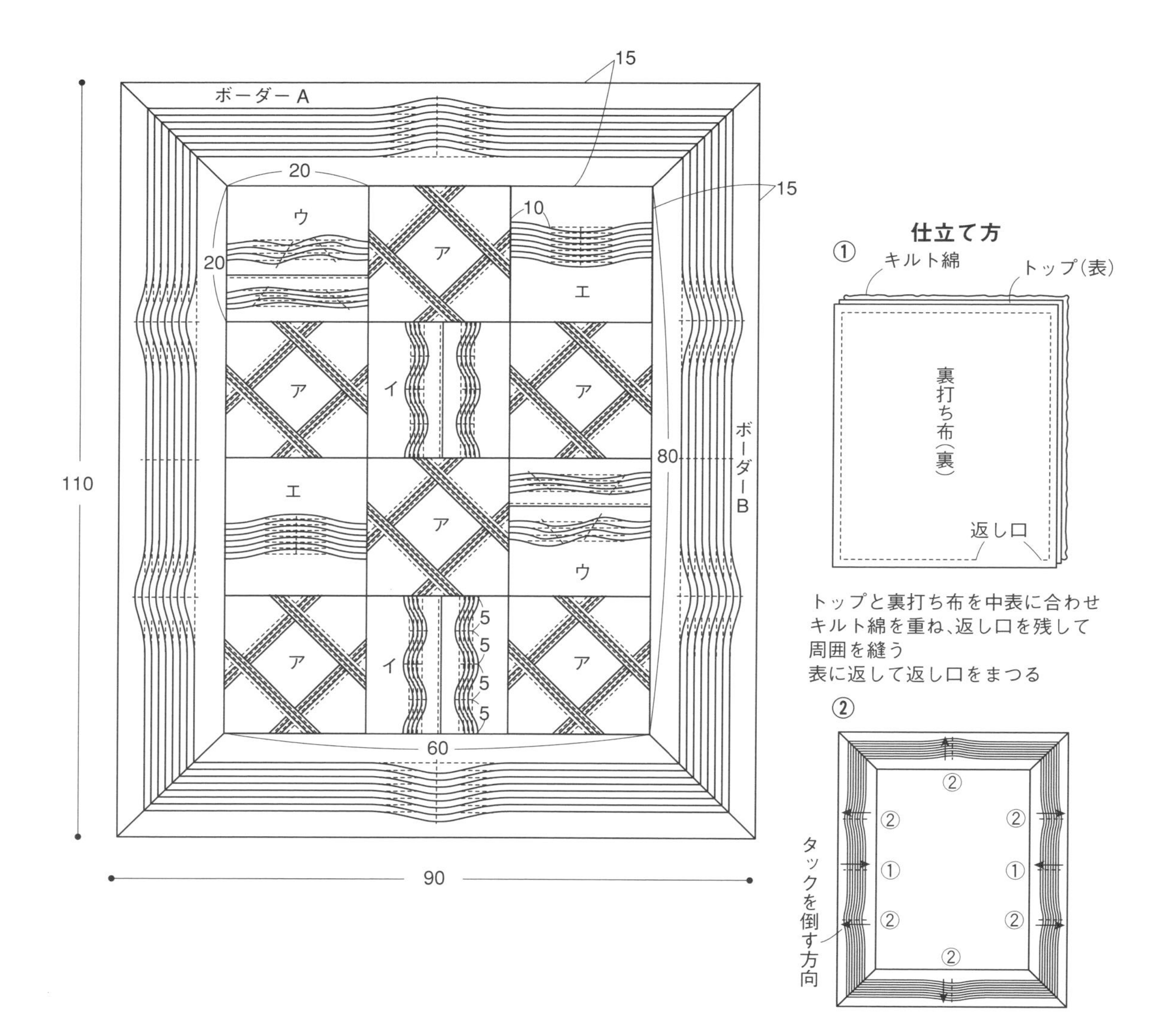

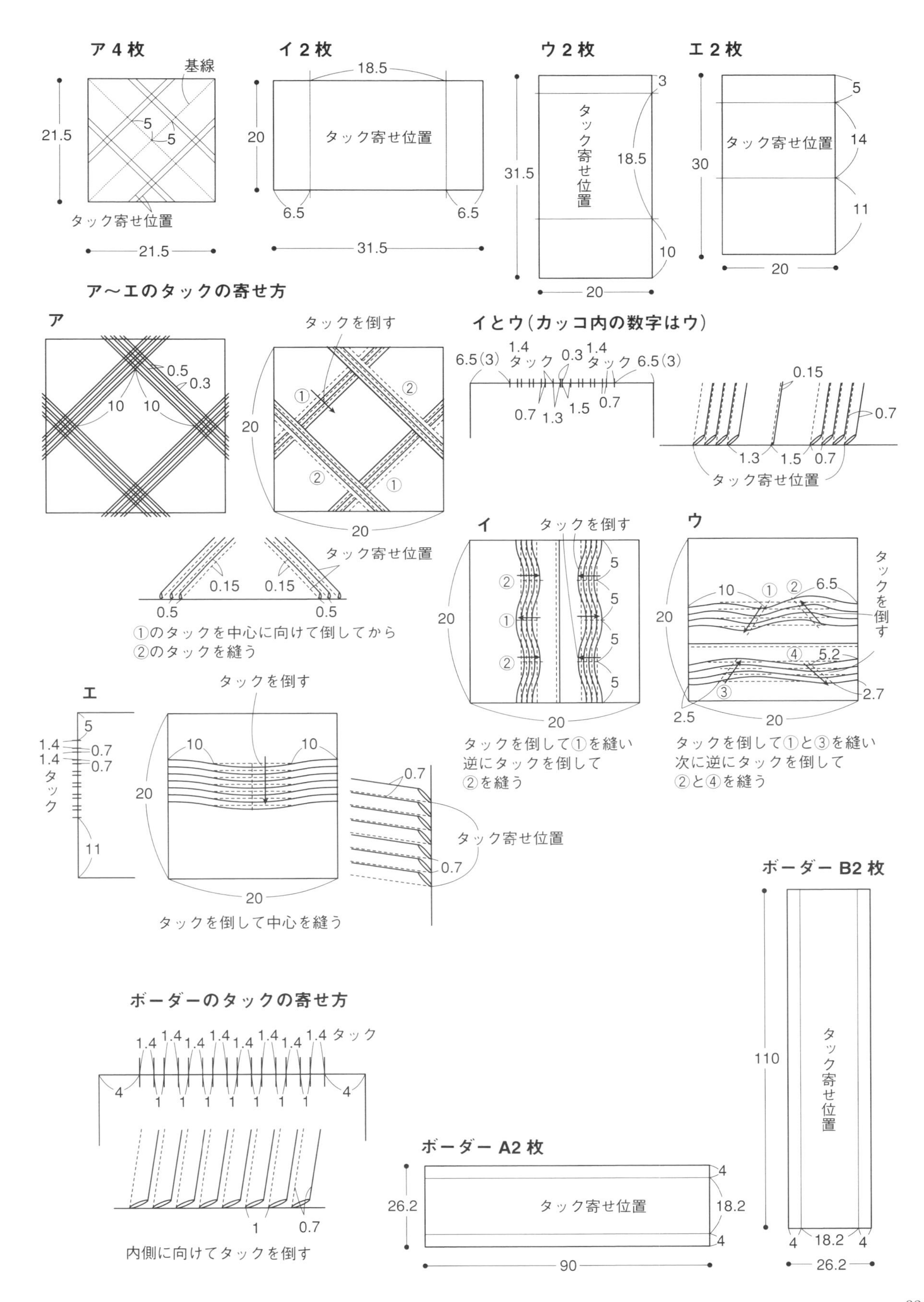

ア4枚
基線
タック寄せ位置
イ2枚
タック寄せ位置
ウ2枚
タック寄せ位置
エ2枚
タック寄せ位置
ア〜エのタックの寄せ方
タックを倒す
①のタックを中心に向けて倒してから
②のタックを縫う
イとウ(カッコ内の数字はウ)
タックを倒して①を縫い
逆にタックを倒して
②を縫う
タックを倒して①と③を縫い
次に逆にタックを倒して
②と④を縫う
タックを倒して中心を縫う
ボーダーB2枚
ボーダーのタックの寄せ方
内側に向けてタックを倒す
ボーダーA2枚

P.34	貝殻ポーチ	13.5 × 25cm

材料

ウェーブ用布、ウェーブ用裏布各80×20cm　本体用布、中袋用布、キルト綿各60×20cm　長さ30cmファスナー1本

作り方のポイント

●本体の内側に中袋をまつり付けるとき、本体と中袋の縫い代同士を数か所縫い合わせて中とじする。

作り方

❶ウェーブを作る。
❷本体にウェーブを重ねて縫い、本体を作る。
❸本体2枚を中表に合わせて両脇と底を縫う。
❹中袋を本体同様に縫う。
❺本体の口にファスナーを縫い付ける。
❻本体の内側に中袋をまつり付ける。

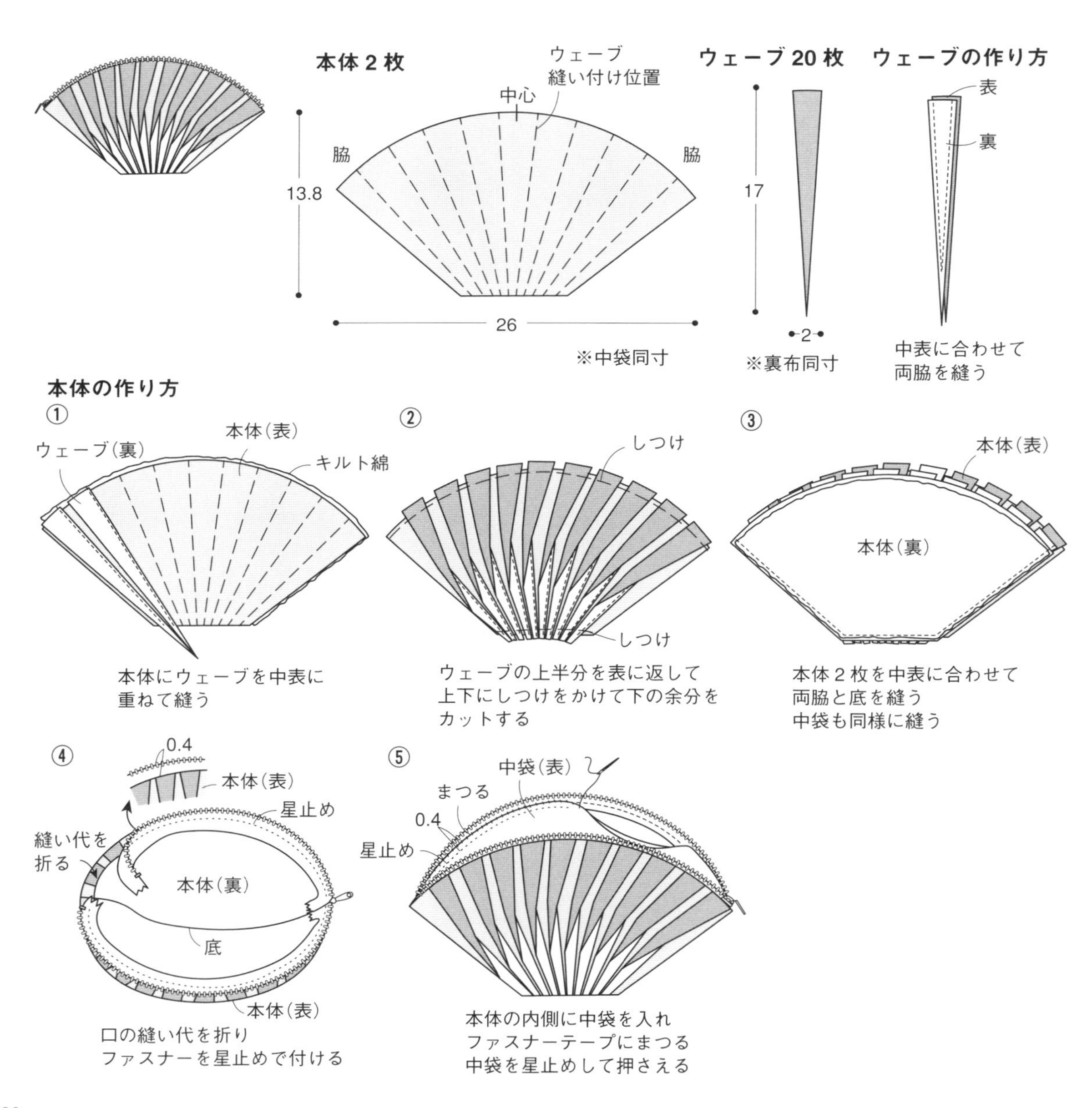

実物大型紙

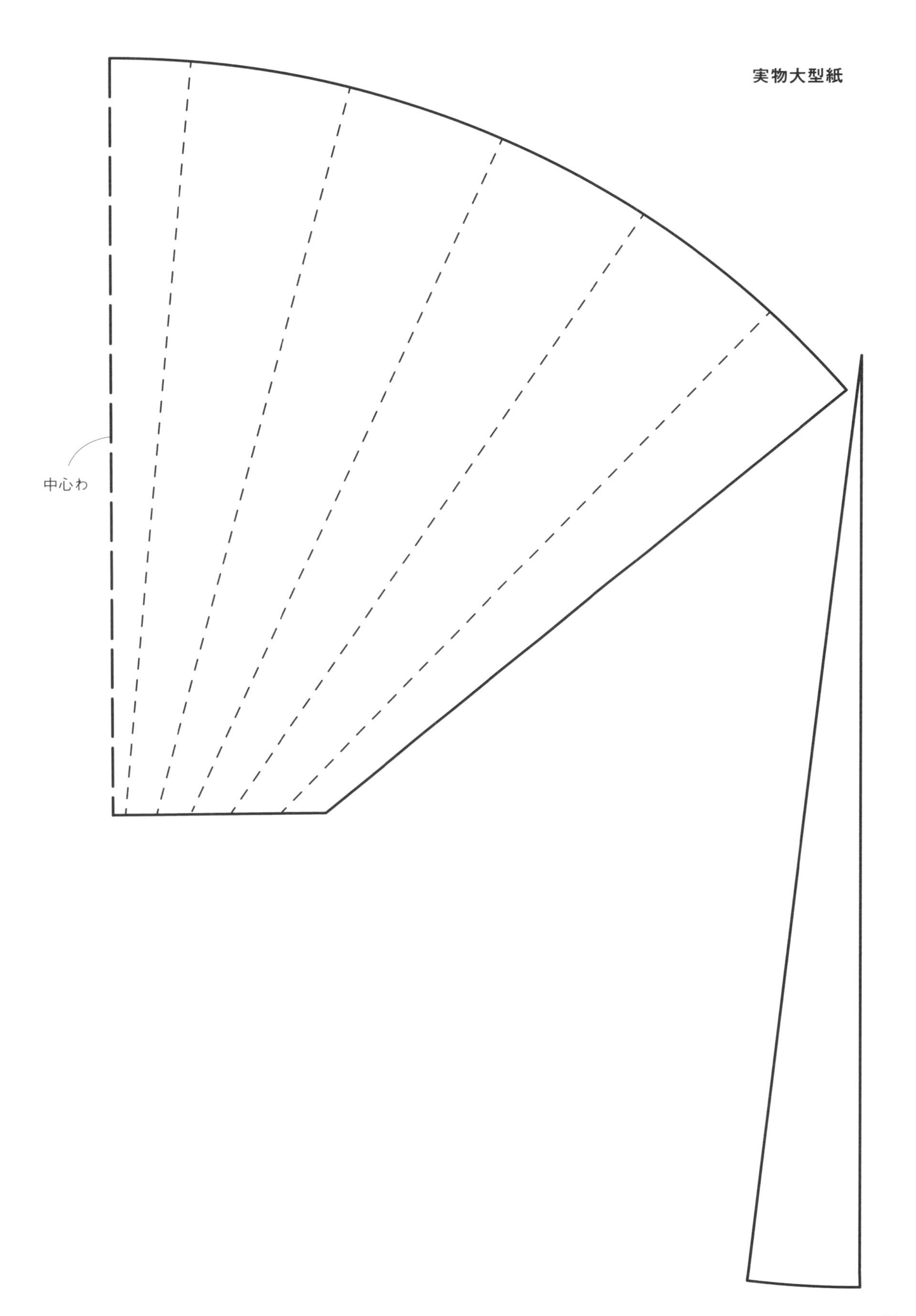

P.35	タック＆スモッキングのバッグ	35 × 35cm

材料
本体用布80×80cm　見返し用布50×10cm　中袋用布（内ポケット分含む）65×80cm　幅4cm革テープ100cm

作り方のポイント
●タックと箱ひだのしかたは36、37ページ参照。
●作品はストライプの一枚布を使用。ピーシングをしてストライプにしてもよい。

作り方
❶タックと箱ひだを縫い、本体を作る。
❷底部分を縫ってタックを固定し、スモッキングで縫い止める。
❸本体を中表に二つ折りし、脇と底を縫う。
❹中袋を脇に返し口を残して本体同様に縫う。
❺本体と中袋を中表に合わせて口を縫う。
❻表に返して返し口をとじ、持ち手を付ける。

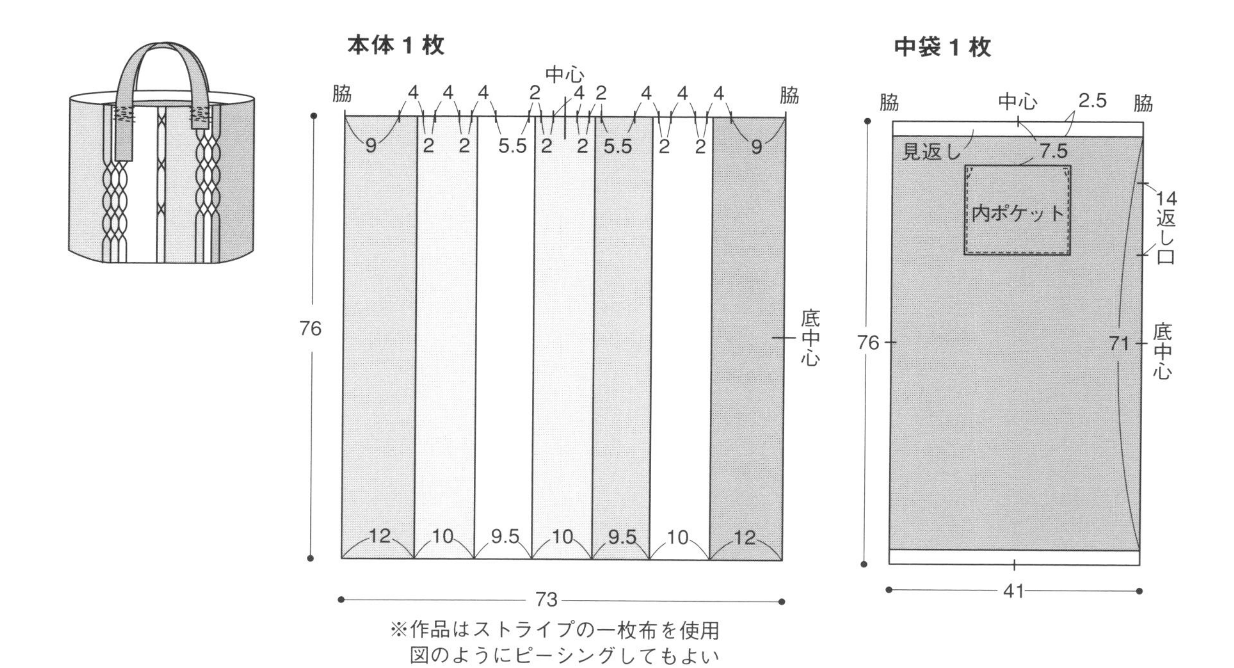

※作品はストライプの一枚布を使用
図のようにピーシングしてもよい

内ポケット１枚

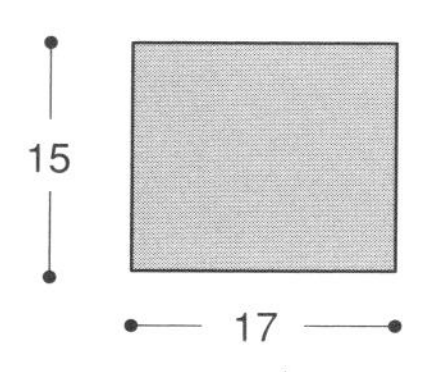

内ポケットの作り方

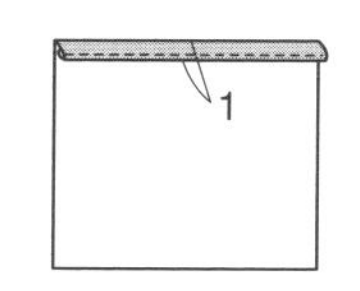

口を三つ折りして縫う

持ち手の付け方

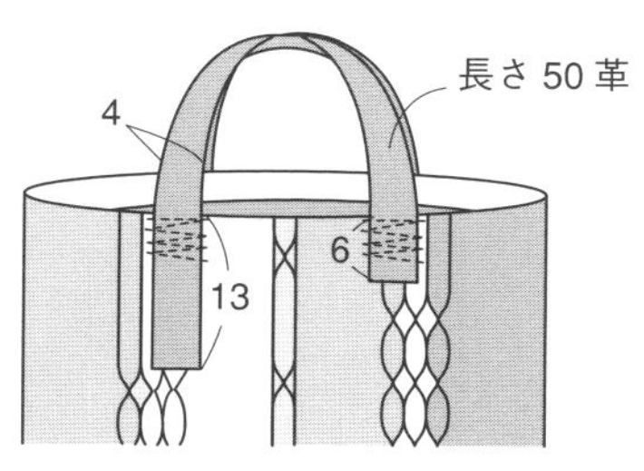

本体に革テープを重ねて
ジグザグに縫う

本体の作り方

①

4cm の部分は箱ひだ、2cm はタックをとる

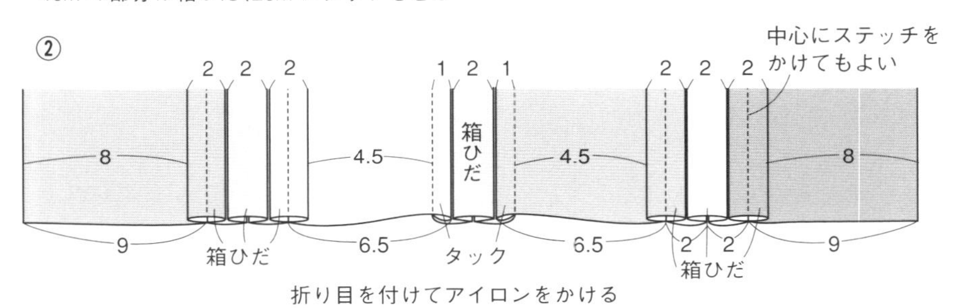

折り目を付けてアイロンをかける

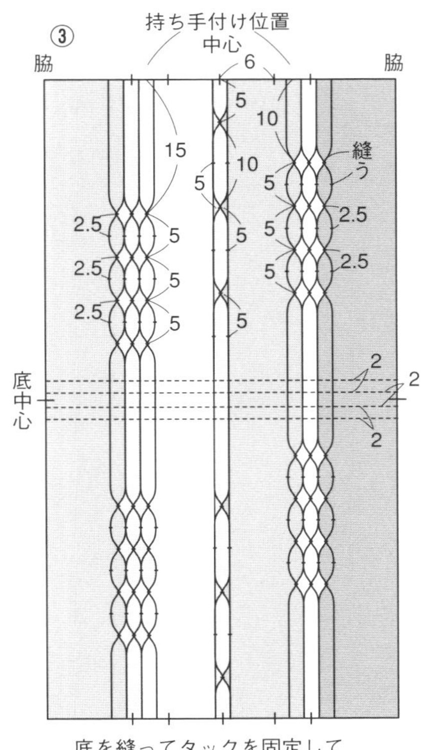

底を縫ってタックを固定して
スモッキングでひだを縫い止める

仕立て方

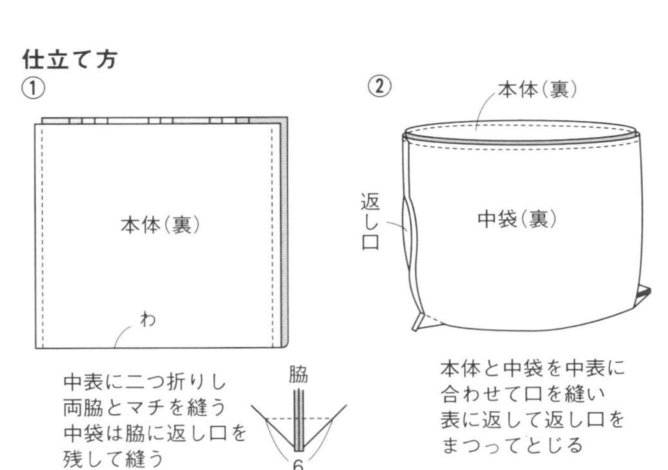

中表に二つ折りし
両脇とマチを縫う
中袋は脇に返し口を
残して縫う

本体と中袋を中表に
合わせて口を縫い
表に返して返し口を
まつってとじる

P.40 | **デニムのカジュアルポーチ** | 14×21cm

材料

A用布（本体後ろ、ループ分含む）50×20cm　B用布（アップリケ分含む）15×20cm　スラッシュキルト用布4種各25×20cm　中袋用布25×35cm　接着キルト綿10×20cm　長さ20cmファスナー1本　直径4cm丸かん1個　25番刺繍糸適宜

作り方のポイント

●スクエアスラッシュキルトのしかたは43ページ参照。
●本体前中心のBは接着キルト綿をはってキルティングし、スラッシュキルト部分と厚みを合わせる。

作り方

❶B用布に接着キルト綿をはり、キルティングする。
❷本体前のスラッシュキルト部分を作り、❶と縫い合わせて本体前をまとめる。
❸本体後ろにアップリケと刺繍をする。
❹ファスナーを付ける。
❺ループを作る。
❻本体を中表に合わせ、ループをはさんで両脇と底を縫う。
❼中袋は中表に二つ折りし、両脇を縫う。
❽本体の内側に中袋を入れ、ファスナーにまつる。

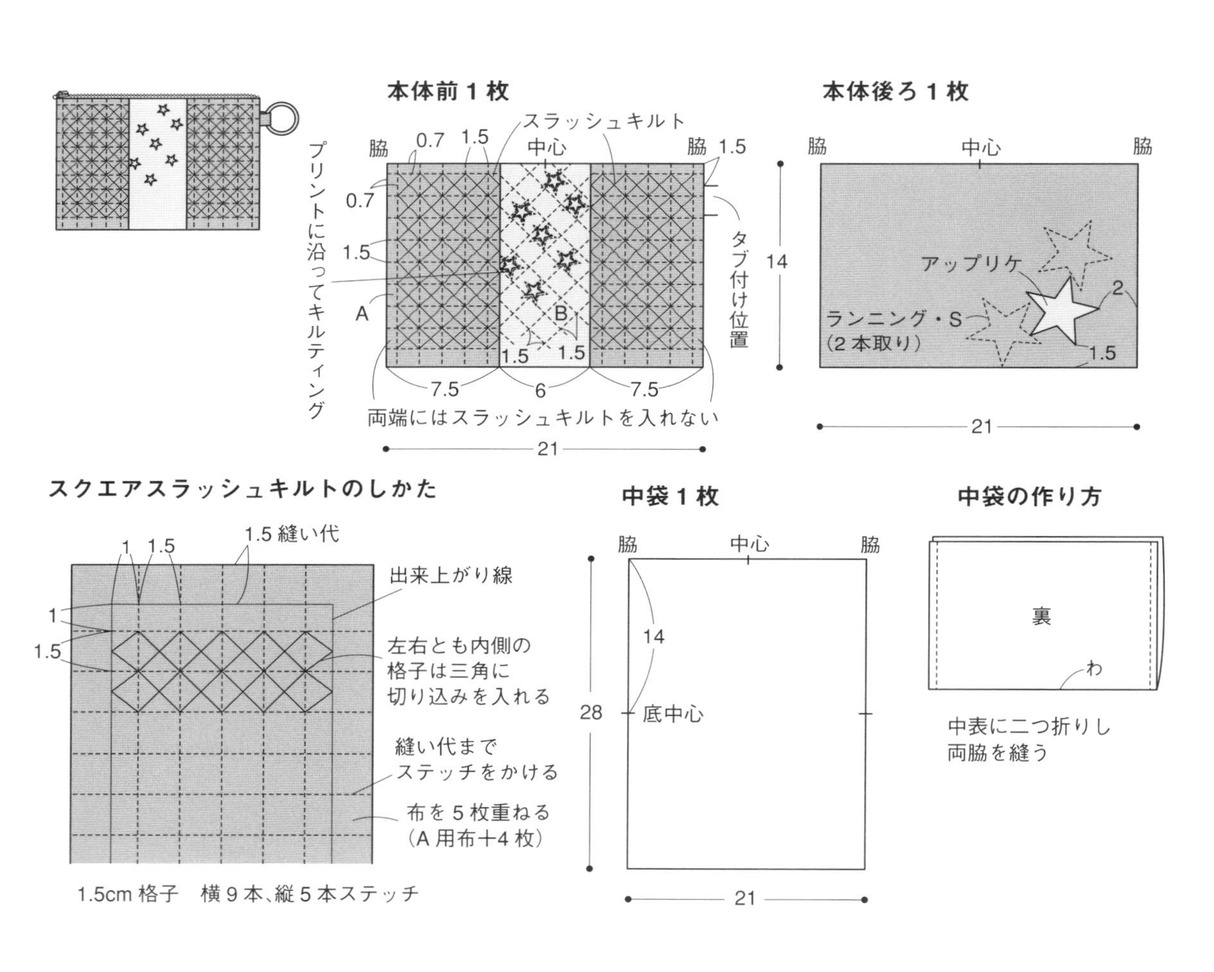

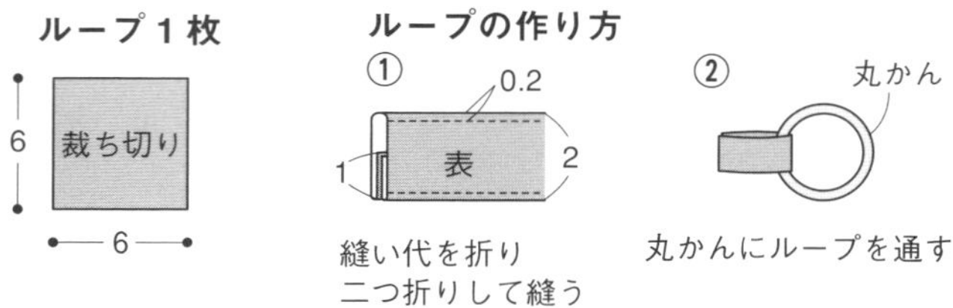

仕立て方

①

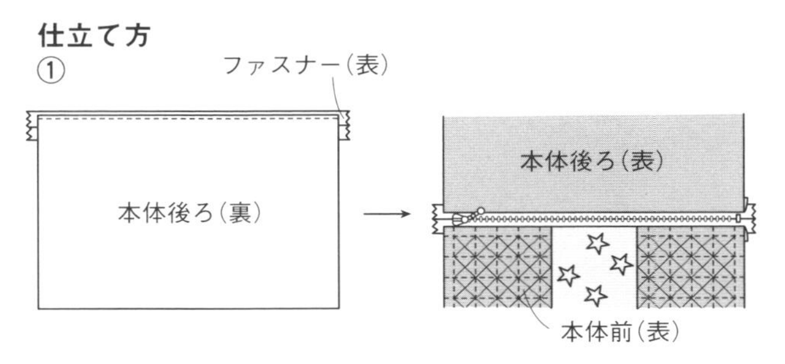

本体前と後ろをそれぞれファスナーと
中表に合わせて縫い、表に返す

②

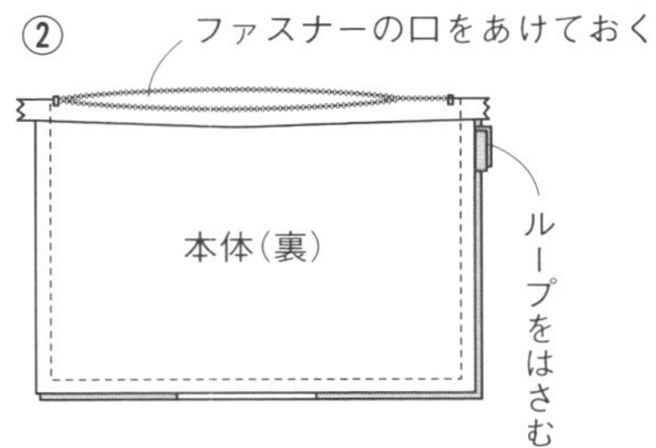

本体前と本体後ろを中表に
合わせ、両脇と底を縫う

③

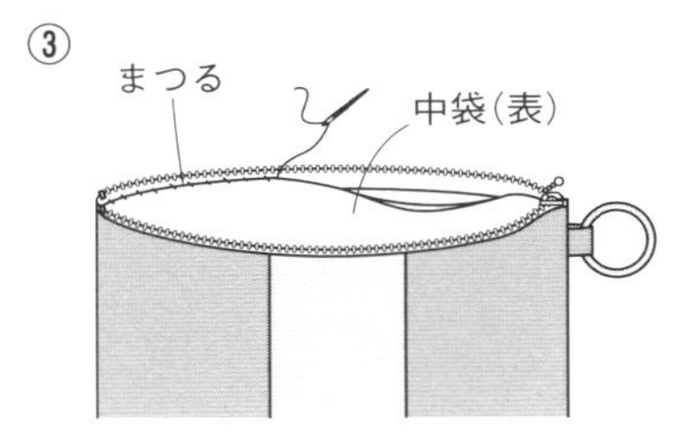

表に返して中袋を入れて
ファスナーにまつる

ランニングステッチの刺し方

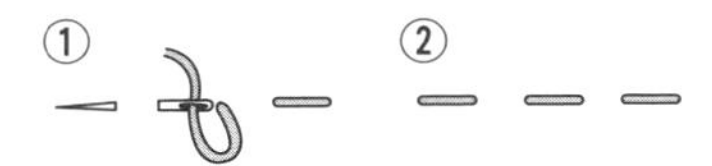

実物大型紙

よく使う基本の縫い方

千鳥がけ

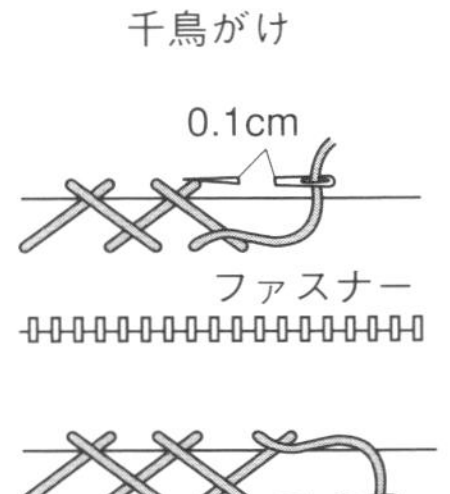

星止め

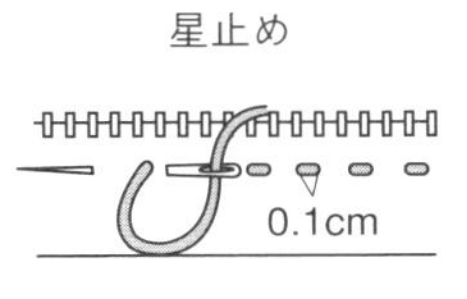

返し縫い

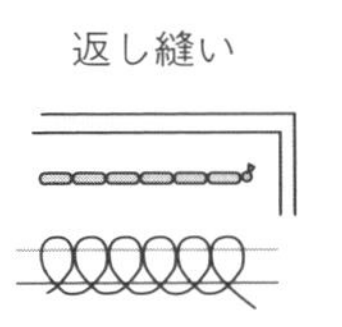

たてまつり

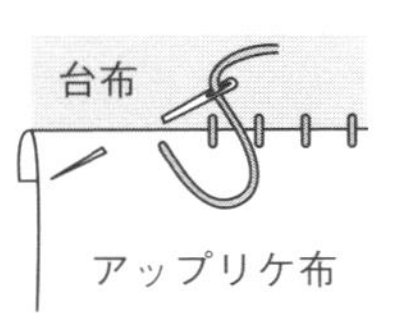

コの字とじ

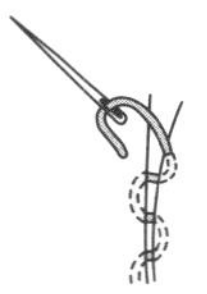

外表にして端と端を
突き合わせ
左右を交互にすくう

巻きかがり

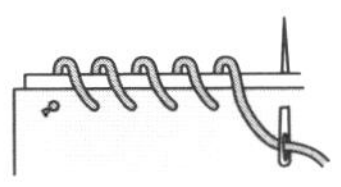

P.41	デニムのカジュアルバッグ	28 × 26cm

材料

アップリケ用布10×10cm　A用布（本体後ろ、持ち手表布分含む）70×40cm　スラッシュキルト用布4種各30×30cm　B用布30×10cm　C用布（持ち手裏布分含む）40×20cm　中袋用布30×60cm　接着キルト綿30×15cm　25番刺繍糸適宜

作り方のポイント

●スクエアスラッシュキルトのしかたは43ページ参照。
●本体前を作るとき、先にB、Cの布を縫い合わせ、接着キルト綿をはってキルティングし、スラッシュキルト部分と厚みを合わせる。

作り方

❶BとC用布をピーシングし、接着キルト綿をはってキルティングする。
❷本体前のスラッシュキルト部分を作り、❶と縫い合わせて本体前をまとめる。
❸本体後ろにアップリケと刺繍をする。
❹本体前と後ろを中表に合わせ、両脇と底を縫う。
❺中袋は中表に二つ折りし、返し口を残して両脇を縫う。
❻持ち手を作る。
❼本体に持ち手を仮留めし、中袋を中表に合わせて口を縫う。
❽表に返して返し口をとじ、口を星止めで押さえる。

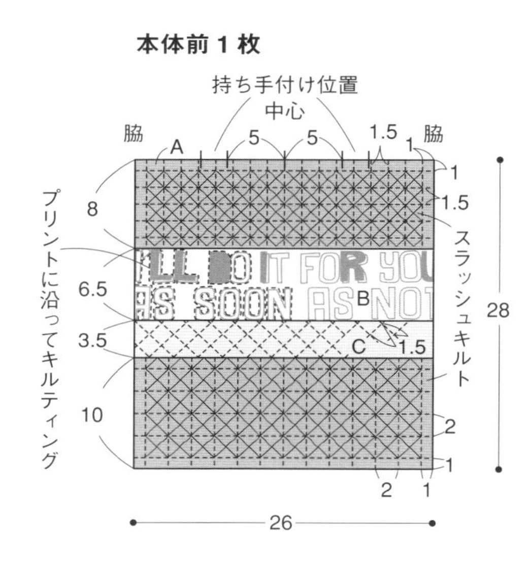

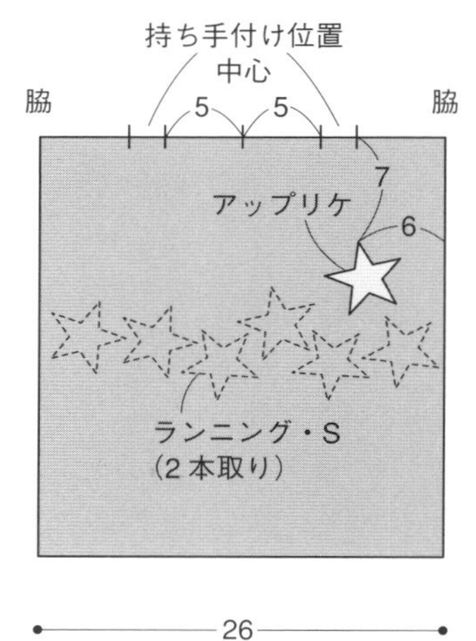

スクエアスラッシュキルトのしかた

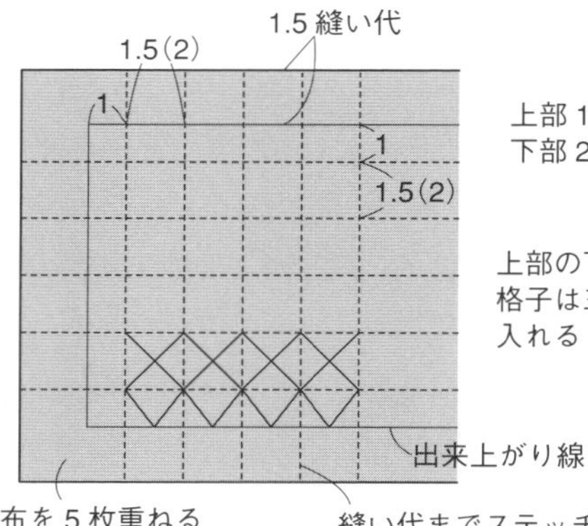

上部 1.5cm 格子　横 5 本、縦 17 本ステッチ
下部 2cm 格子　横 5 本、縦 13 本ステッチ

上部の下、下部の上の格子は三角に切り込みを入れる

持ち手表布２枚

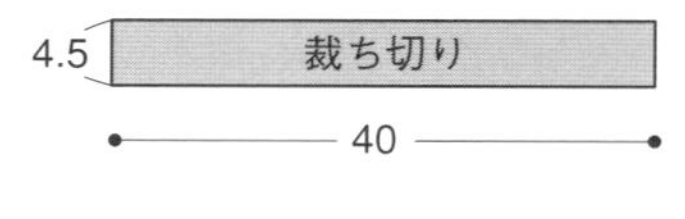

持ち手裏布２枚

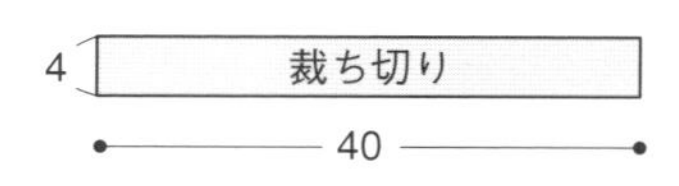

持ち手の作り方

①

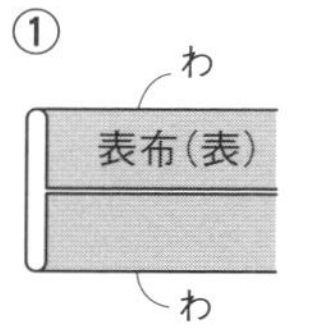

表布、裏布とも両端を付き合わせて折る

②

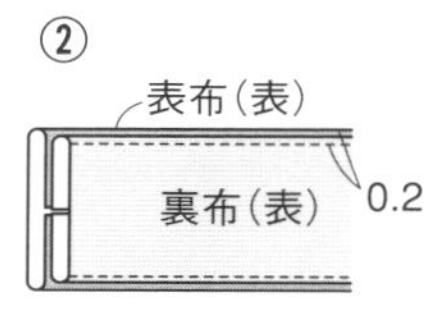

表布と裏布を合わせて縫う

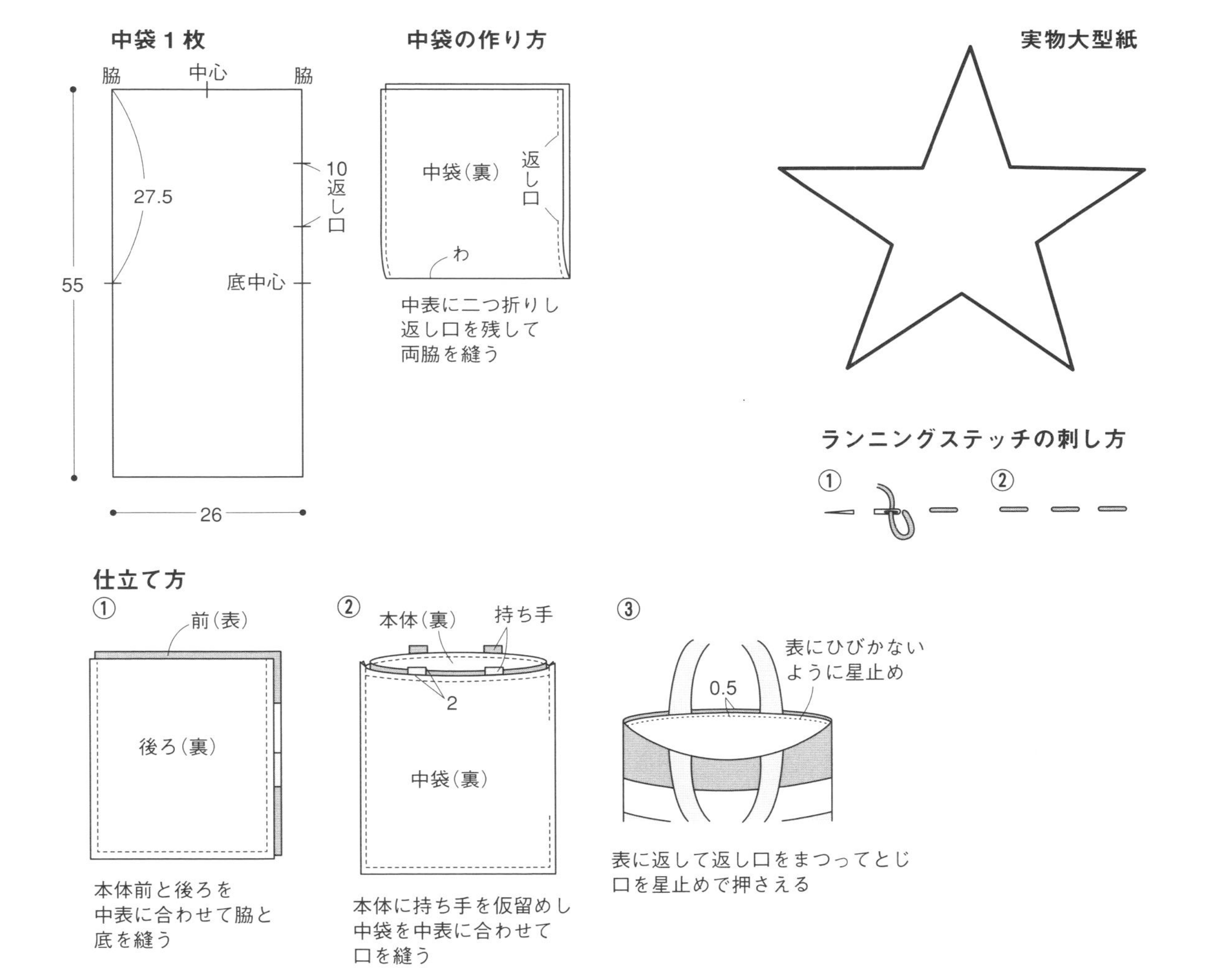
中袋１枚
脇
中心
脇
27.5
10
返し口
55
底中心
26
中袋の作り方
中袋（裏）
返し口
わ
中表に二つ折りし
返し口を残して
両脇を縫う
実物大型紙
ランニングステッチの刺し方
①
②
仕立て方
①
前（表）
後ろ（裏）
本体前と後ろを
中表に合わせて脇と
底を縫う
②
本体（裏）
持ち手
2
中袋（裏）
本体に持ち手を仮留めし
中袋を中表に合わせて
口を縫う
③
表にひびかない
ように星止め
0.5
表に返して返し口をまつってとじ
口を星止めで押さえる

P.38	プードルのもこもこバッグ	23.5 × 21cm

材料

丸モチーフ用布各種　スラッシュキルト用布5種各30×30cm　本体後ろ用布（本体前上部、持ち手分含む）35×35cm　中袋用布25×50cm　アップリケ用フェルト10×10cm　幅1.7cm綾テープ60cm　25番刺繍糸適宜

作り方のポイント

●ストレートスラッシュキルトのしかたは42ページ参照。

作り方

❶本体前のスラッシュキルト部分を作り、アップリケする。
❷本体前上と❶を縫い合わせて、本体前をまとめる。
❸本体前と本体後ろを中表に合わせて両脇と底を縫う。
❹中袋は中表に二つ折りし、返し口を残して両脇を縫う。
❺持ち手を作る。
❻本体に持ち手を仮留めし、中袋を中表に合わせて口を縫う。
❼表に返して返し口をとじ、口を星止めで押さえる。

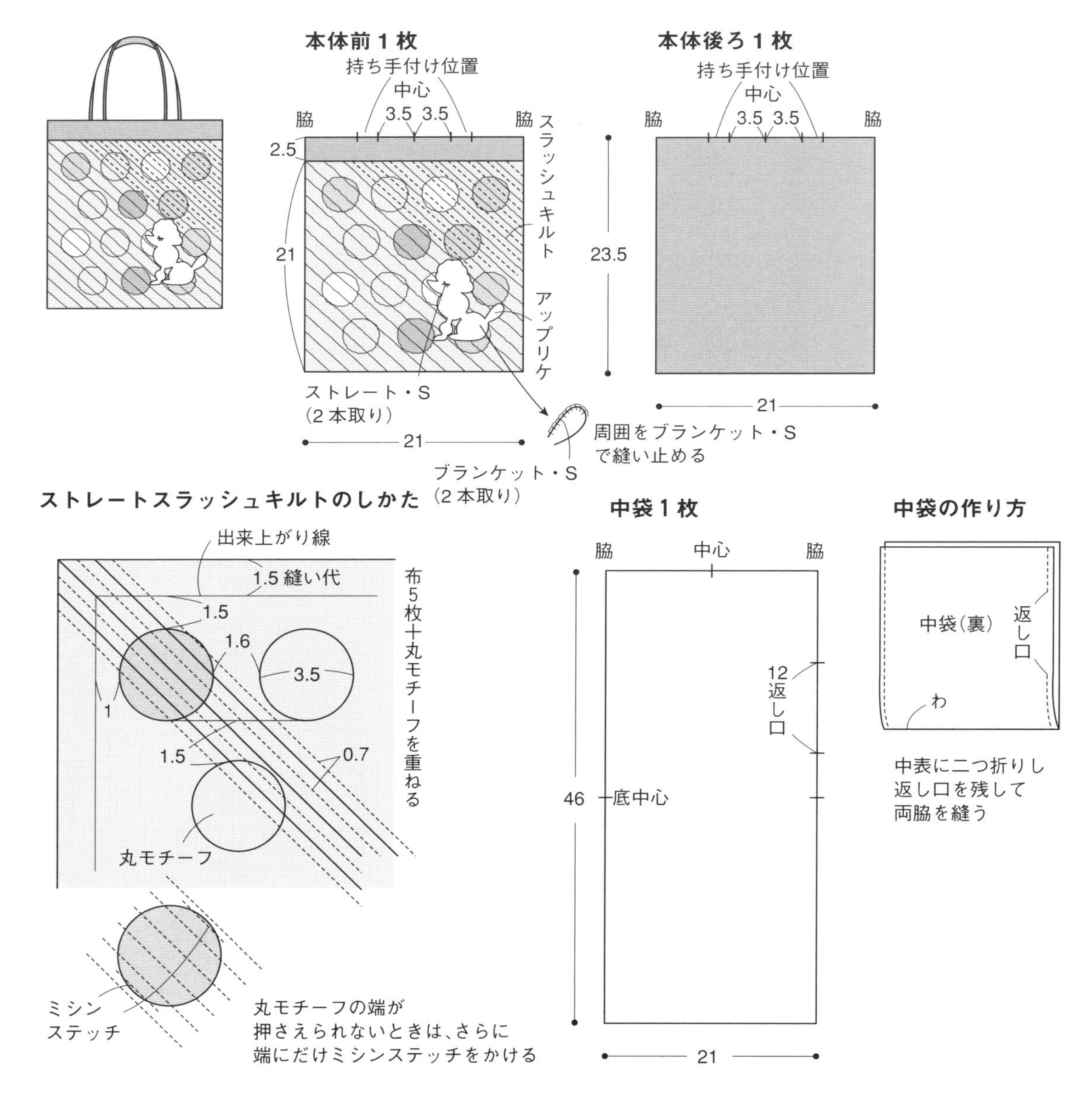

持ち手２枚

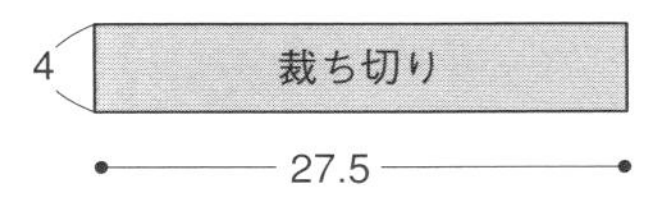

持ち手の作り方

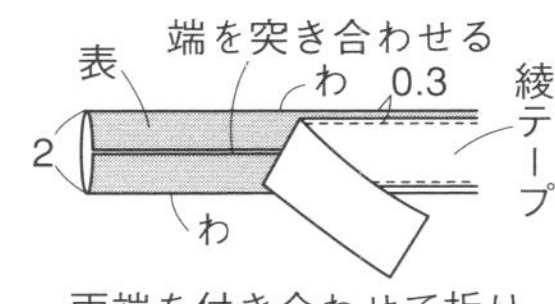

両端を付き合わせて折り
綾テープを重ねて縫う

仕立て方

①

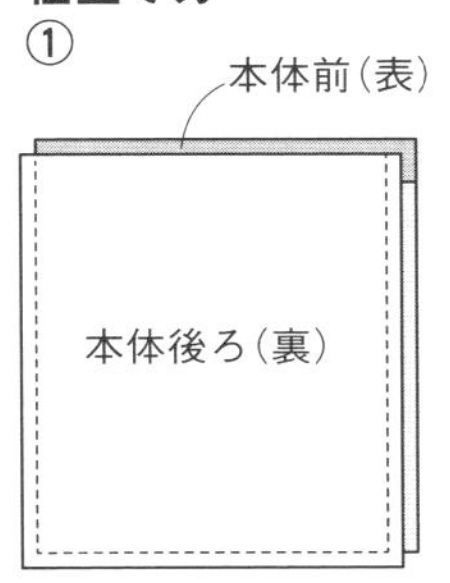

本体前と後ろを中表に
合わせて脇と底を縫う

②

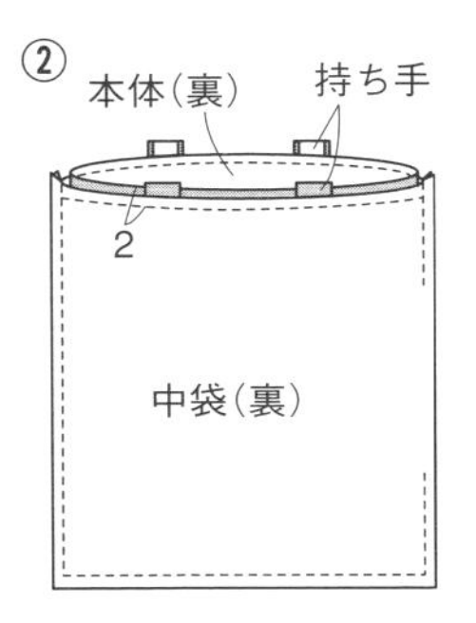

本体に持ち手を仮留めし
中袋を中表に合わせて
口を縫う

③

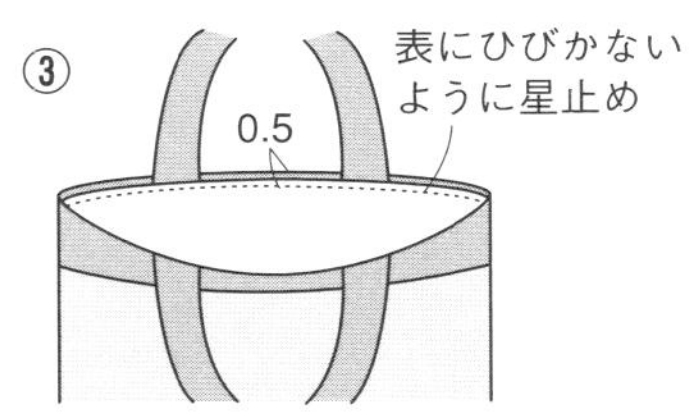

表に返して返し口をまつってとじ
口を星止めで押さえる

実物大型紙

刺繍の刺し方

ブランケットステッチ

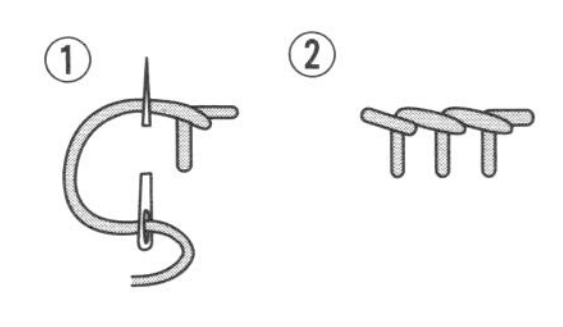

ストレートステッチ

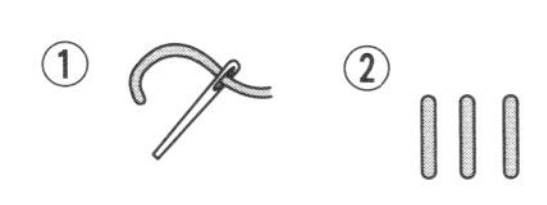

P.39	プードルのもこもこポーチ	13×22cm

材料

丸モチーフ用布各種　スラッシュキルト用布5種各30×15cm　本体後ろ用布（持ち手分含む）30×30cm　中袋用布25×30cm　アップリケ用フェルト10×10cm　幅1.7cm綾テープ30cm　長さ20cmファスナー1本　25番刺繍糸適宜

作り方のポイント

●ストレートスラッシュキルトのしかたは42ページ参照。
●持ち手の作り方、アップリケのしかたは98、99ページ参照。

作り方

❶本体前をスラッシュキルトで作り、アップリケする。
❷持ち手を作る。
❸本体前と中袋を中表に合わせ、ファスナーをはさんで縫う。
❹中袋を折り上げ、本体後ろを中表に合わせ、ファスナーをはさんで縫う。
❺本体前と後ろの底を中表に合わせて縫う。
❻本体と中袋をそれぞれたたみ直し、持ち手をはさんで片側に返し口を残して両脇を縫う。
❼表に返して返し口をとじる。

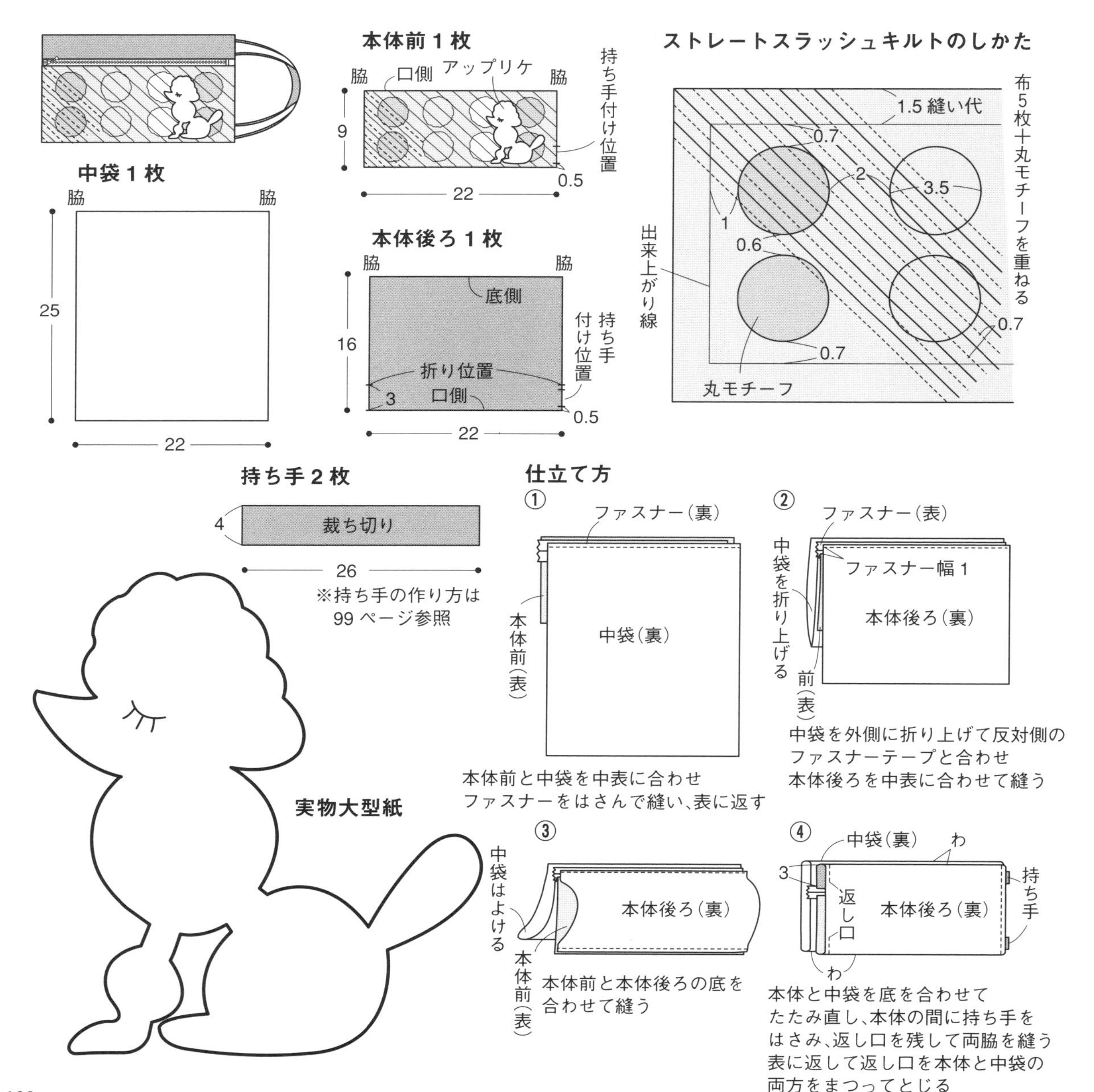

P.58	水玉カードケース	9.5 × 12cm

材料

本体用布2種（ポケット、ポケット裏打ち布分含む）各40×15cm　パイピング用バイヤステープ布30×30cm　両面接着キルト綿15×15cm　厚手接着芯15×20cm　両面接着シート15×10cm　キャンドルウィック糸適宜

作り方のポイント

●キャンドルウィックのしかたは61ページ参照。

●口の縫い代の両面接着キルト綿は縫い目のきわでカットする。

作り方

❶ポケットを作り、キルティングをしてキャンドルウィックで刺繍をする。

❷本体に厚手接着芯、両面接着シートをはって合わせる。

❸本体にポケットを重ねて周囲にしつけをかける。

❹本体の周囲をパイピングで始末する。

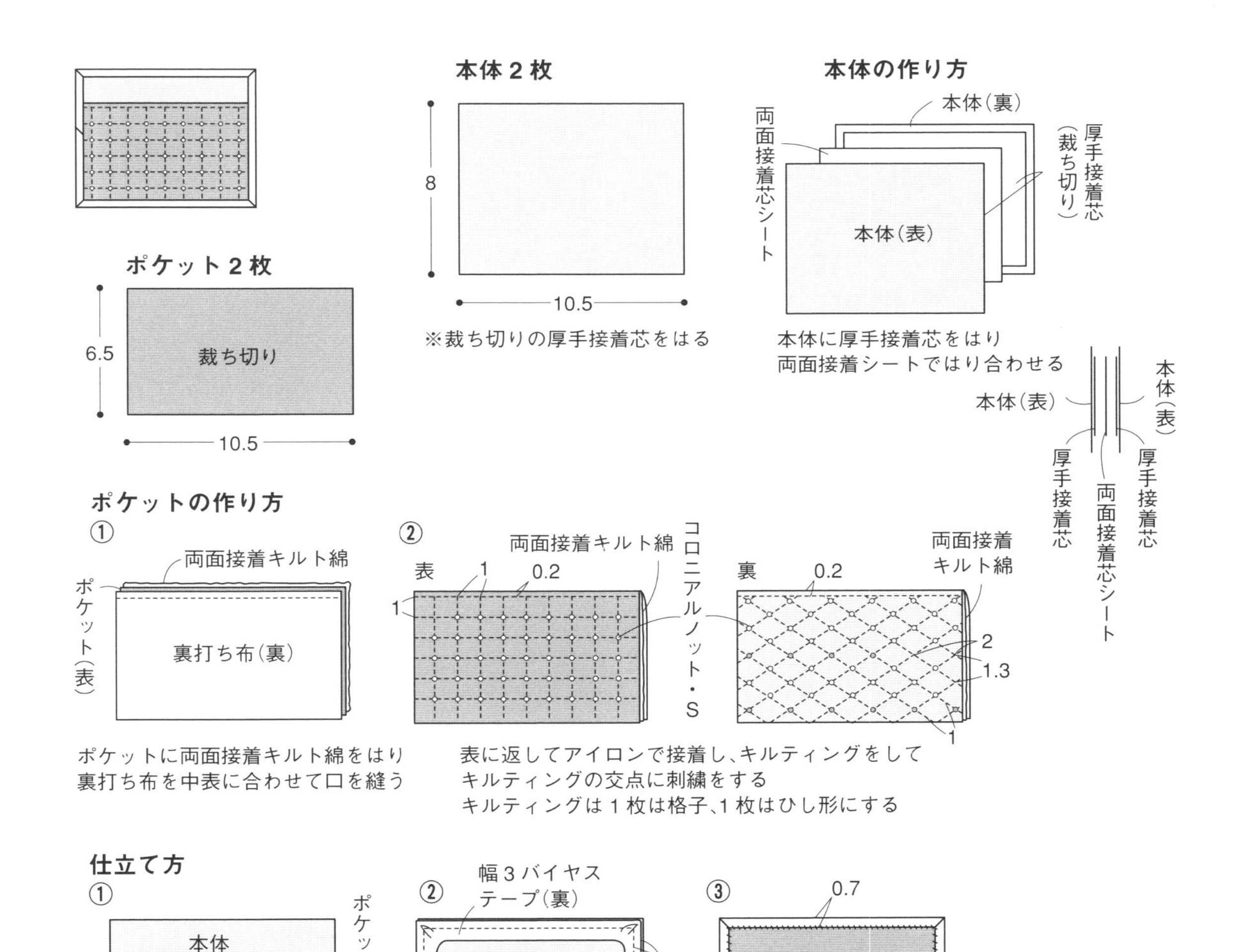

P.59	花のブローチ	9.2 × 9.2cm

材料

花大用布、花小用布各10×10cm　長さ2.5mブローチピン1個　キャンドルウィック糸適宜

作り方のポイント

●キャンドルウィックのしかたは61～63ページ参照。
●布はウールなど厚みのある布を使うとよい。

作り方

❶花大と小をカットする。
❷キャンドルウィックで刺繍をする。
❸花大に小を重ねて縫い止める。
❹裏にブローチピンを付ける。

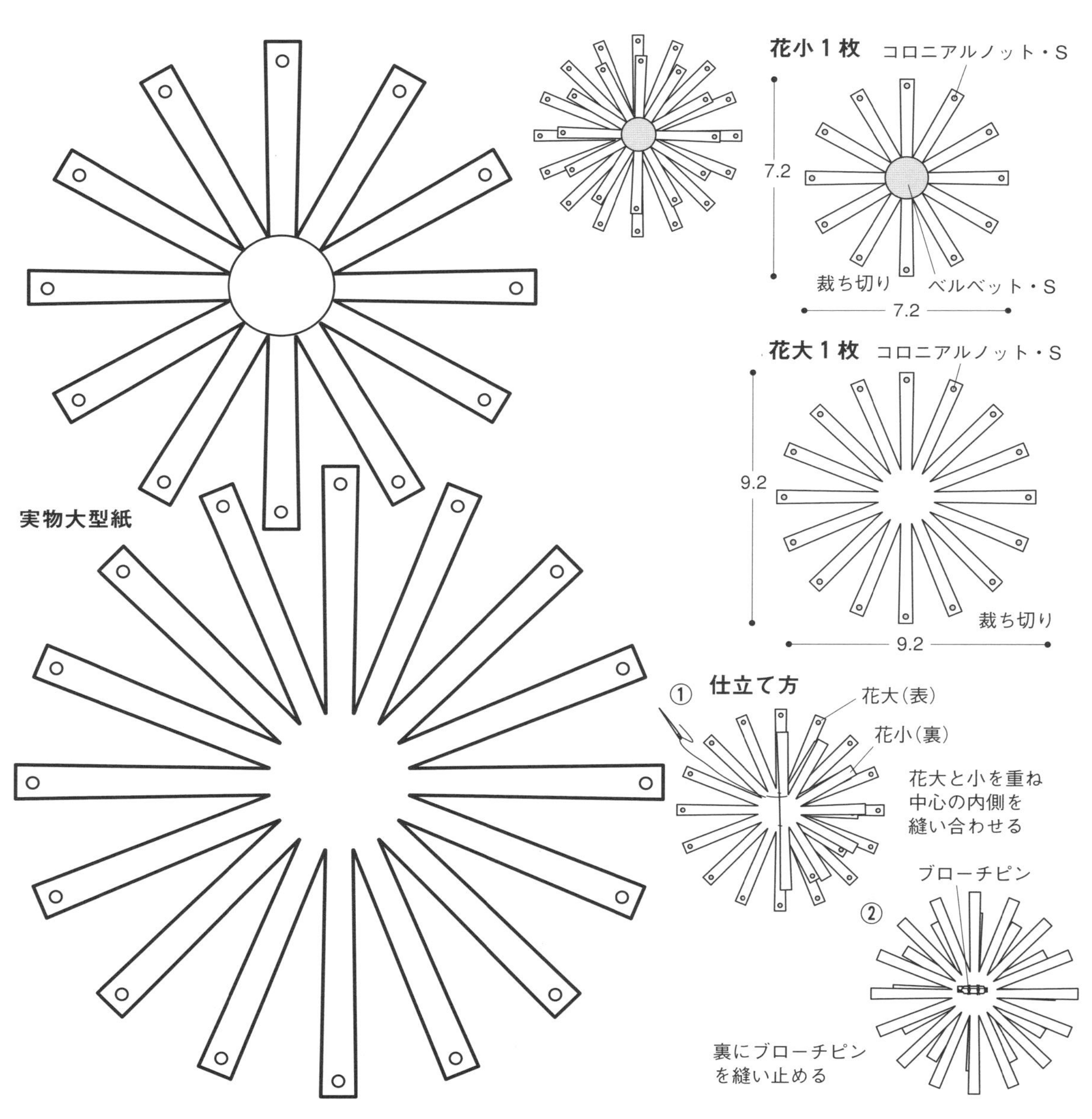

P.60	白いクラッチバッグ	19 × 30cm

材料

本体用布（パイピング用バイヤステープ、縫い代始末用バイヤステープ分含む）65×60cm　キルト綿、裏打ち布35×60cm　キャンドルウィック用糸適宜

作り方のポイント

●キャンドルウィックのしかたは61〜63ページ参照。

実物大図案 87 ページ

作り方

❶本体にキャンドルウィックで刺繍をする。
❷裏打ち布、キルト綿に本体を重ねてしつけをかけてキルティングする。
❸本体の口をパイピングで始末する。
❹本体を底中心で中表に折り、両脇を縫う。
❺縫い代をバイヤステープでくるんで倒して始末する。

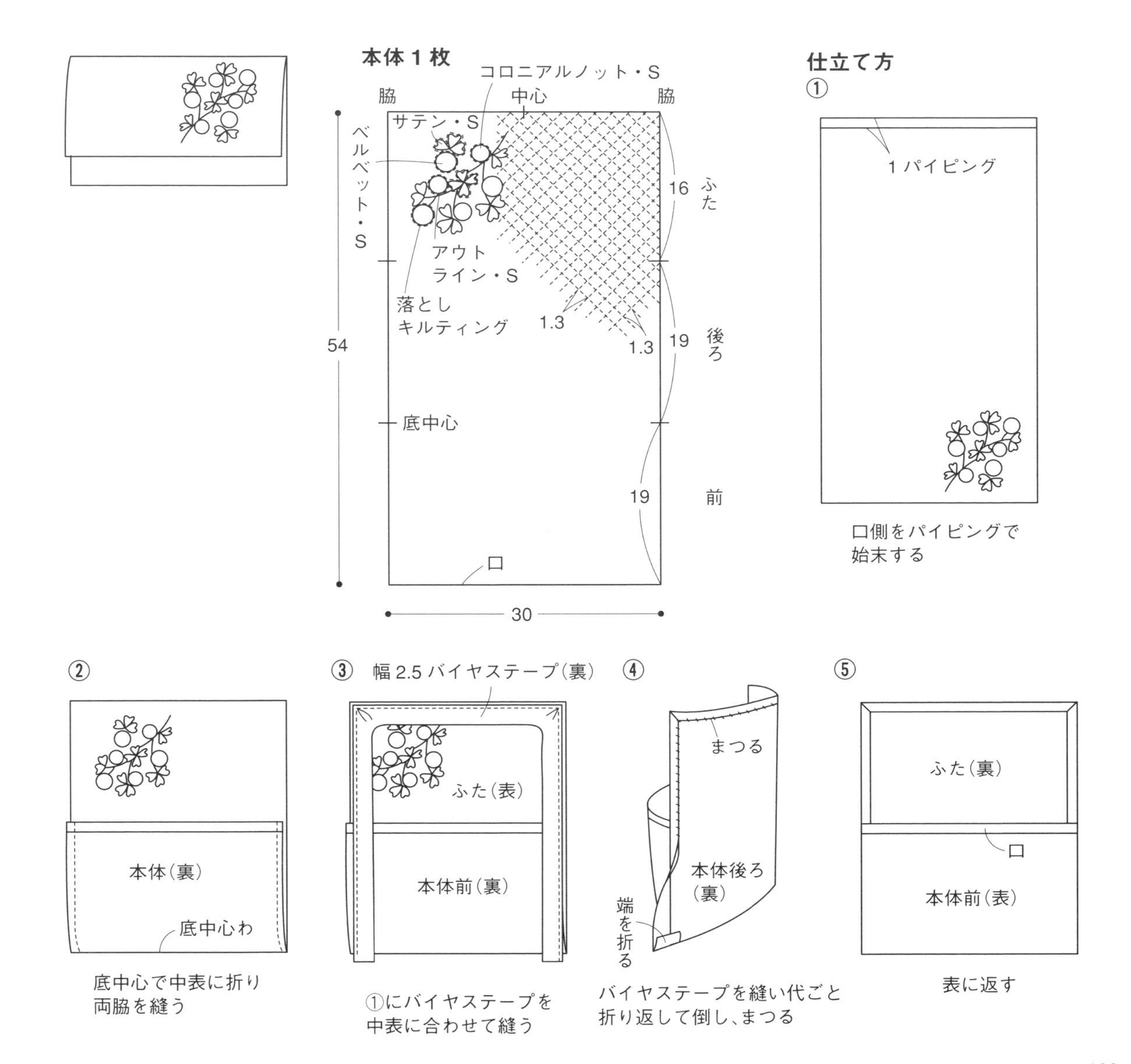

P.44 ｜ ティーコゼーとティーマット ｜ ティーコゼー 18 × 20cm　ティーマット 18 × 18cm

材料（2点分）

ア用布（ループ分含む）60×15cm　イ用布（ティーコゼー裏布分含む）65×45cm　本体用布（ティーマット裏布分含む）110×25cm　接着キルト綿80×25cm

作り方のポイント

●セミノールのしかたは49ページ参照。
●セミノールの縫い代は0.7cm、ほかは1cm付ける。
●ティーコゼーの本体と裏布を合わせるとき、頂点と4つ角で縫い代同士を縫い止める。

作り方

❶ループを作る。
❷セミノールを作り、ピーシングをして本体をまとめる。
❸本体に裁ち切りの接着キルト綿をはる。
❹コゼーは本体を中表に二つ折りし、一辺を縫う。これを2枚作る。マットはループをはさんで本体と裏布を中表に合わせて縫う。
❺コゼーは本体2枚を中表に合わせ、頂点に二つ折りしたループをはさんで縫う。マットは表に返して返し口をとじ、キルティングする。
❻コゼーの裏布も同様に縫う。
❼コゼーの本体と裏布を外表に合わせ、裏布で底をくるんで始末する。

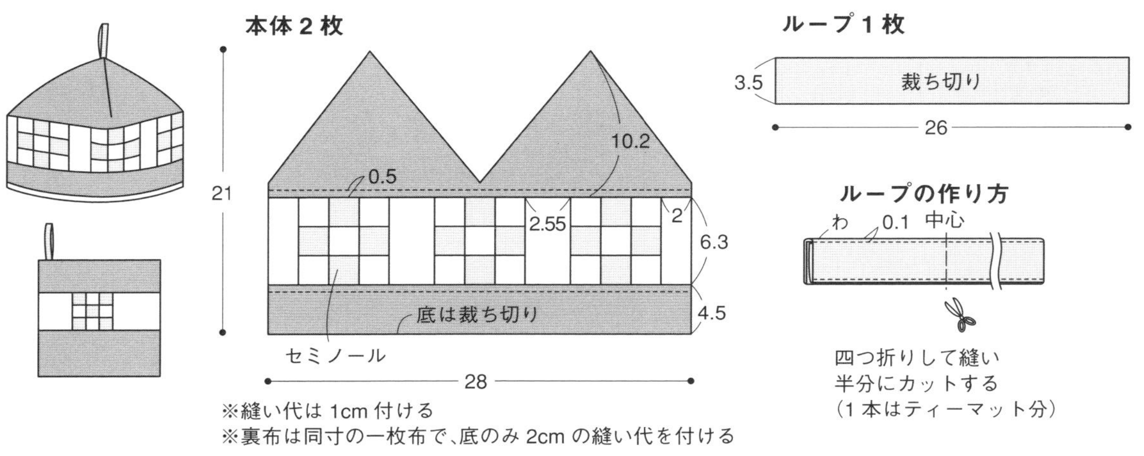

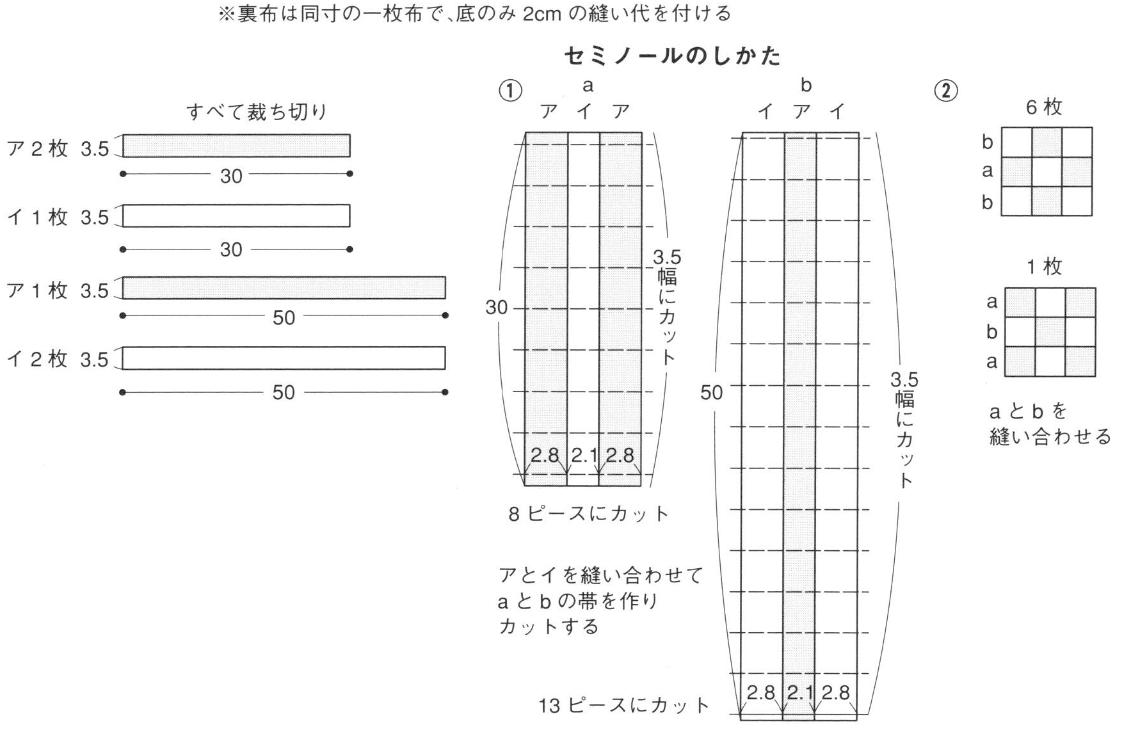

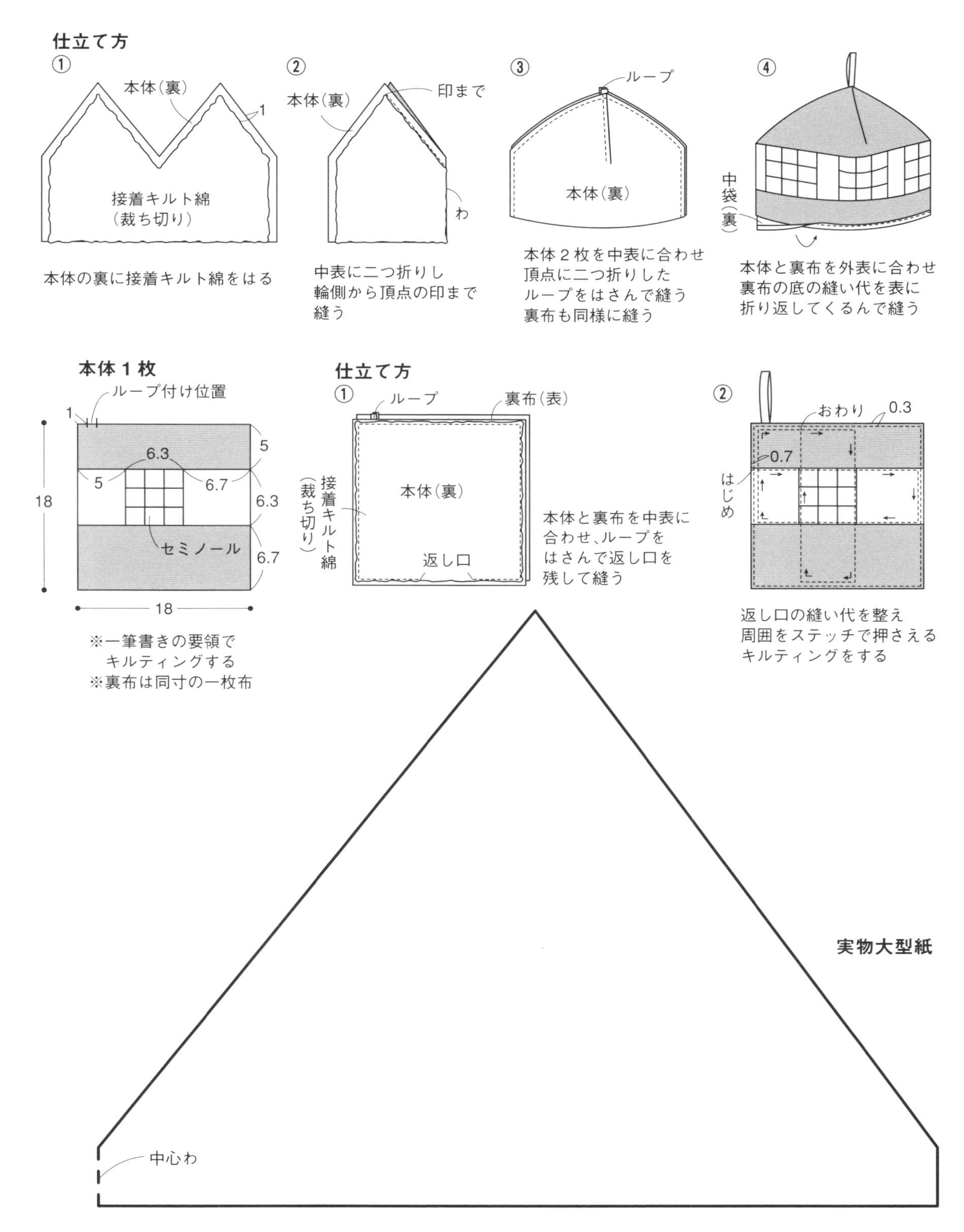
仕立て方
①
本体(裏)
1
接着キルト綿
(裁ち切り)
本体の裏に接着キルト綿をはる
②
本体(裏)
印まで
わ
中表に二つ折りし
輪側から頂点の印まで
縫う
③
ループ
本体(裏)
本体2枚を中表に合わせ
頂点に二つ折りした
ループをはさんで縫う
裏布も同様に縫う
④
中袋(裏)
本体と裏布を外表に合わせ
裏布の底の縫い代を表に
折り返してくるんで縫う
本体1枚
ループ付け位置
1
5
6.3
5
6.7
6.3
18
セミノール
6.7
18
※一筆書きの要領で
キルティングする
※裏布は同寸の一枚布
仕立て方
①
ループ
裏布(表)
接着キルト綿
(裁ち切り)
本体(裏)
返し口
本体と裏布を中表に
合わせ、ループを
はさんで返し口を
残して縫う
②
おわり
0.3
0.7
はじめ
返し口の縫い代を整え
周囲をステッチで押さえる
キルティングをする
実物大型紙
中心わ

P.45	クッション３種	43×43cm

材料

共通　本体前用布（本体後ろ分含む）110×50cm　接着キルト綿、裏打ち布各50×50cm　42×42cmヌードクッション1個

クッションA　ア、イ、ウ用布各70×10cm　エ用布70×5cm

クッションB　ア、オ用布各25×10cm　イ用布25×20cm　ウ用布25×15cm　エ用布25×5cm

クッションC　ア、イ、ウ、エ、オ用布各60×10cm

作り方のポイント

●セミノールのしかたは47、48ページ参照。

●セミノールの縫い代は0.7cm、ほかは1cm付ける。

作り方

❶セミノールを作り、ピーシングをして本体前をまとめる。

❷本体前に接着キルト綿をはり、裏打ち布を重ねてしつけをかけてキルティングする。

❸本体後ろを作る。

❹本体前と後ろを中表に合わせて周囲を縫う。

❺表に返して、周囲をステッチで押さえる。

❻ヌードクッションを入れる。

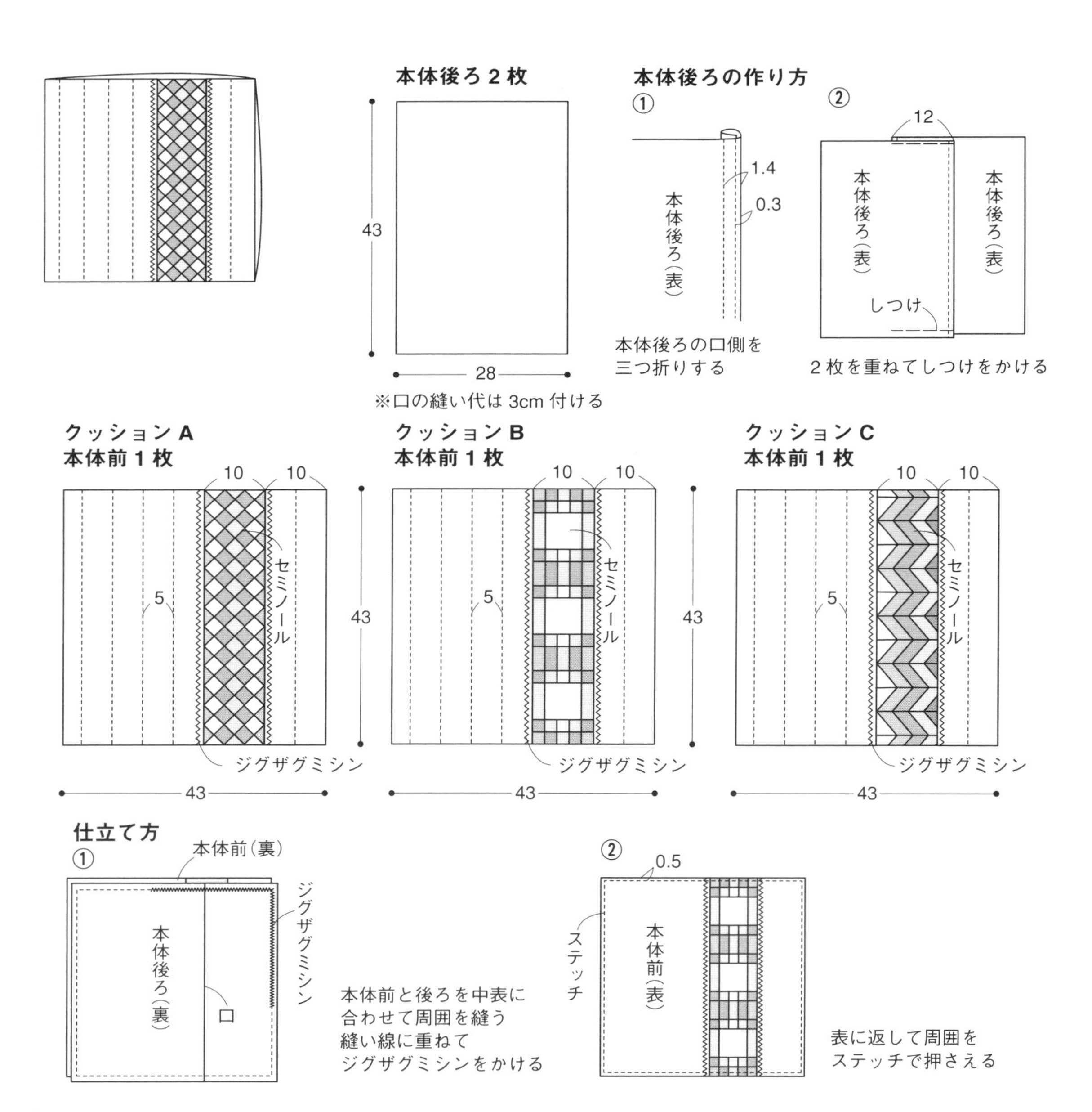

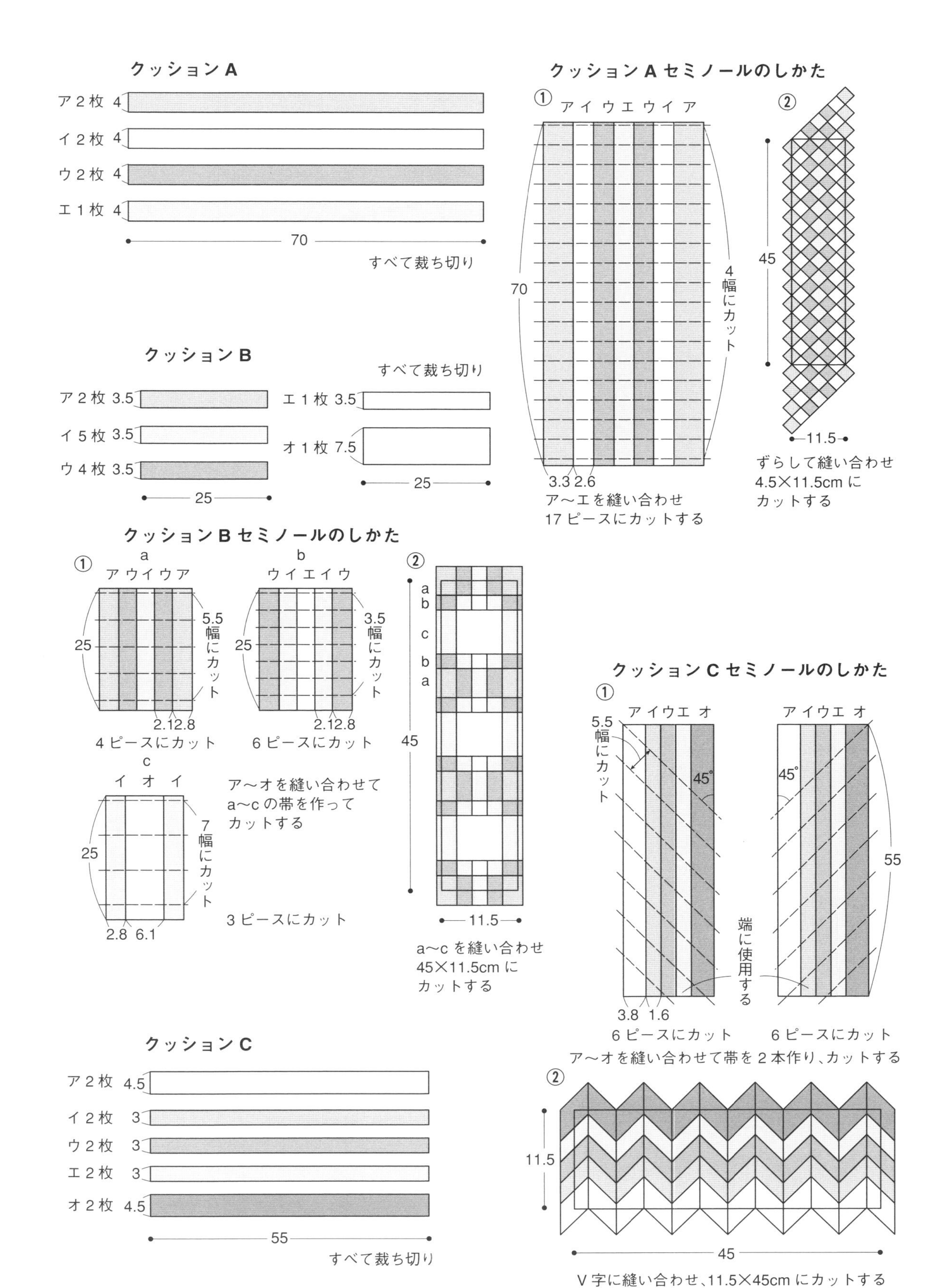

クッションA
ア2枚 4
イ2枚 4
ウ2枚 4
エ1枚 4
70
すべて裁ち切り
クッションAセミノールのしかた
①
アイウエウイア
70
4幅にカット
3.3 2.6
ア～エを縫い合わせ
17ピースにカットする
②
45
11.5
ずらして縫い合わせ
4.5×11.5cmに
カットする
クッションB
すべて裁ち切り
ア2枚 3.5
イ5枚 3.5
ウ4枚 3.5
25
エ1枚 3.5
オ1枚 7.5
25
クッションBセミノールのしかた
①
a
アウイウア
25
5.5幅にカット
2.1 2.8
4ピースにカット
b
ウイエイウ
25
3.5幅にカット
2.1 2.8
6ピースにカット
c
イオイ
25
7幅にカット
2.8 6.1
ア～オを縫い合わせて
a～cの帯を作って
カットする
3ピースにカット
②
a
b
c
b
a
45
11.5
a～cを縫い合わせ
45×11.5cmに
カットする
クッションCセミノールのしかた
①
アイウエオ
5.5幅にカット
45°
3.8 1.6
6ピースにカット
アイウエオ
45°
55
端に使用する
6ピースにカット
ア～オを縫い合わせて帯を2本作り、カットする
②
11.5
45
V字に縫い合わせ、11.5×45cmにカットする
クッションC
ア2枚 4.5
イ2枚 3
ウ2枚 3
エ2枚 3
オ2枚 4.5
55
すべて裁ち切り

P.46	モノトーンのぺたんこバッグ	40 × 36cm

材料

ア用布（エ用布分含む）30×15cm　イ用布各30×10cm　本体用布（ウ用布分含む）45×80cm　見返し用布（底当て布分含む）45×40cm　幅2.5cm平テープ260cm

作り方のポイント

●セミノールのしかたは48ページ参照。

●本体のセミノールのアップリケは、裁ち切りのまま重ねてステッチで縫い付ける。

作り方

❶セミノールを作り、本体に重ねて縫い付け、見返しを縫い付ける。

❷見返しを裏側に折って縫い、持ち手を縫い付ける。

❸底当て布を重ねて縫う。

❹本体を外表に二つ折りし、両脇を縫う。

❺本体を中表にして再度両脇を縫い、袋縫いにする。

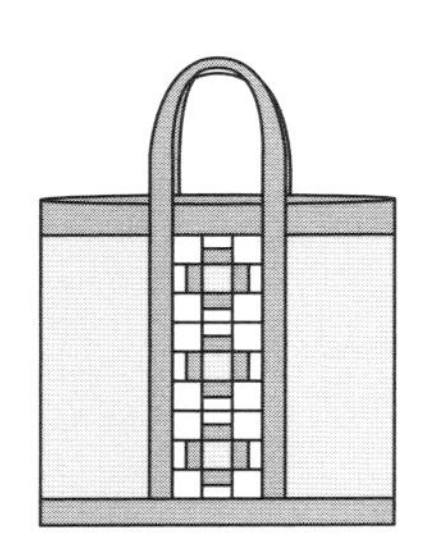

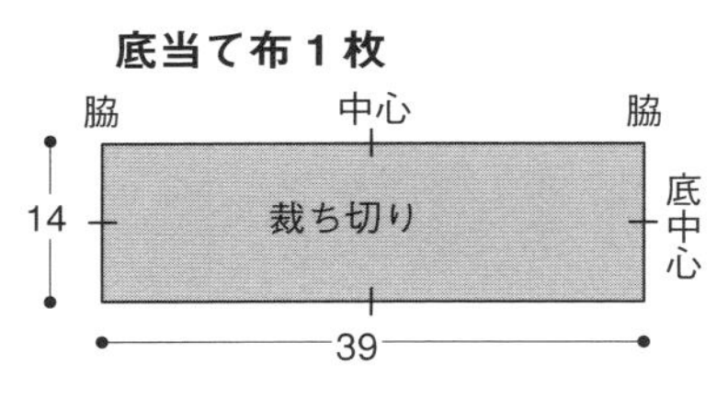

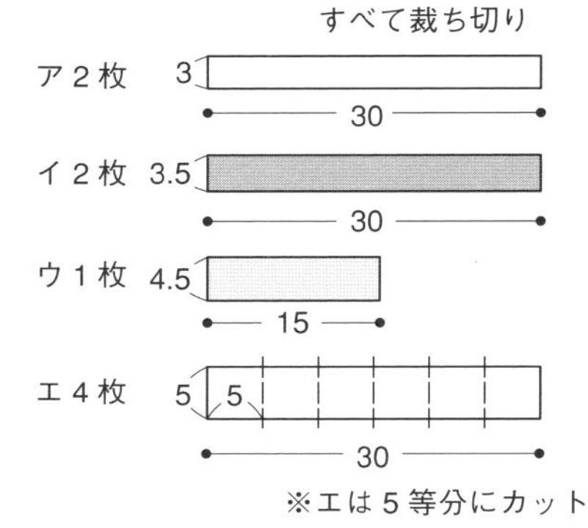

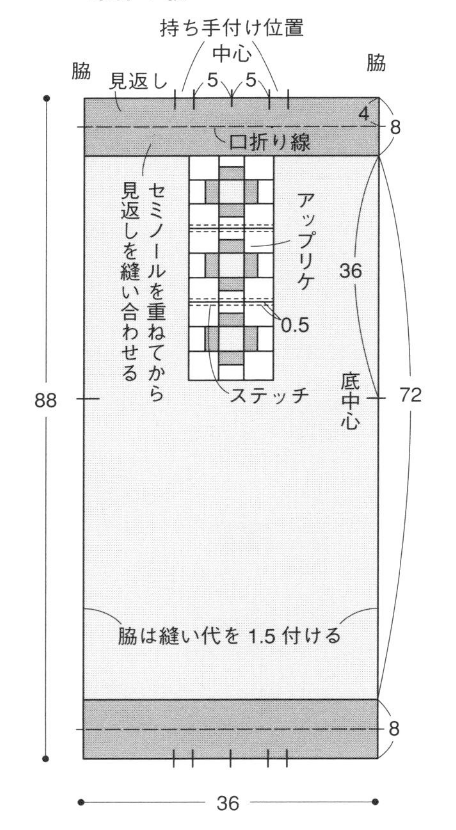

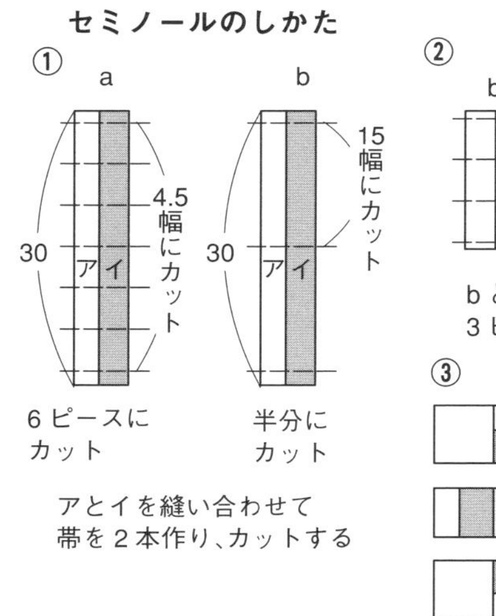

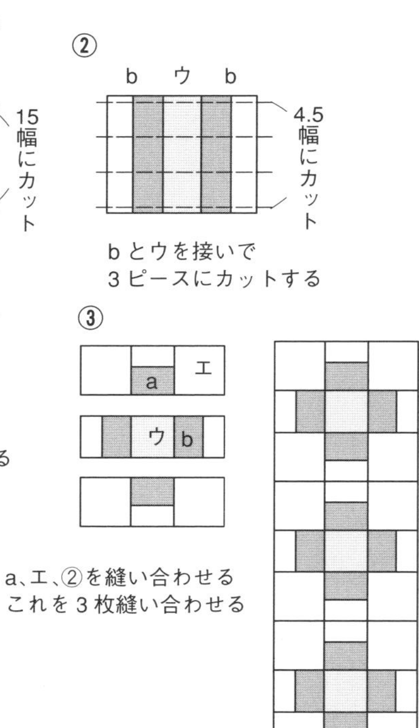

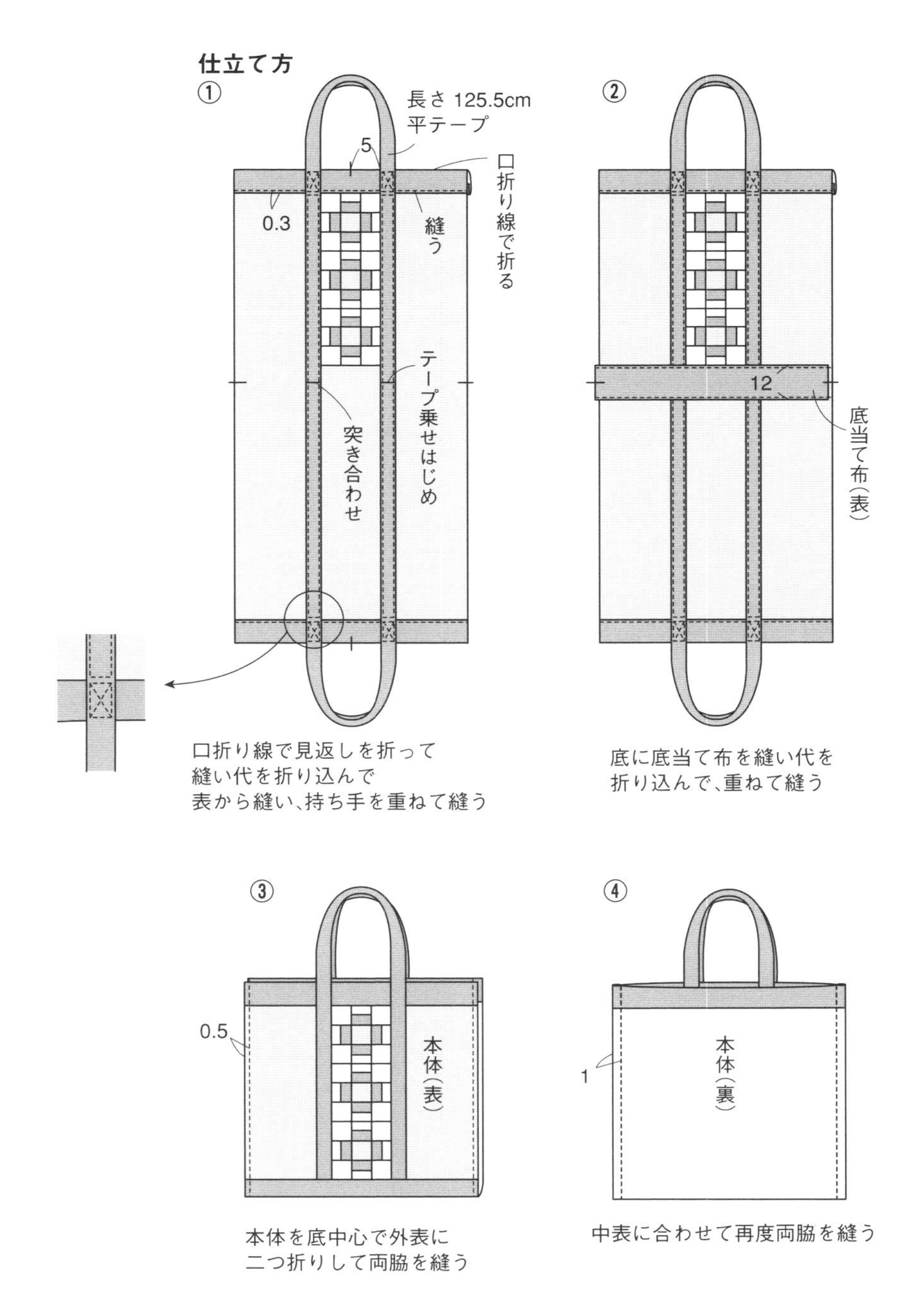
仕立て方
①
長さ 125.5cm
平テープ
5
口折り線で折る
0.3
縫う
テープ乗せはじめ
突き合わせ
口折り線で見返しを折って
縫い代を折り込んで
表から縫い、持ち手を重ねて縫う
②
12
底当て布(表)
底に底当て布を縫い代を
折り込んで、重ねて縫う
③
0.5
本体(表)
本体を底中心で外表に
二つ折りして両脇を縫う
④
1
本体(裏)
中表に合わせて再度両脇を縫う

P.50 | 赤×青のフリルポーチ | 15 × 31cm

材料

フリルa用布35×35cm　フリルb、c用布2種各40×30cm　本体用布（持ち手分含む）65×25cm　中袋用布、接着キルト綿各60×20cm　長さ15cmファスナー1本　直径1.1～1.5cmボタン5個　幅0.8cmじゃばらテープ20cm

作り方のポイント

●フリルの作り方は53ページ参照。

作り方

❶フリルa、b、cを作る。
❷フリルaを本体前中央に縫い付ける。
❸フリルbをはさみながら本体前を縫い合わせる。
❹本体前と後ろにそれぞれ接着キルト綿をはり、キルティングする。
❺持ち手と中袋を作る。
❻本体を中表に合わせ、フリルcをはさんで両脇を縫い、表に返してステッチをする。
❼再度中表に合わせて底を縫い、本体と中袋を中表に合わせ、口を縫う。
❽表に返して返し口をとじ、口を星止めで押さえる。
❾本体の口に持ち手とファスナーを付ける。

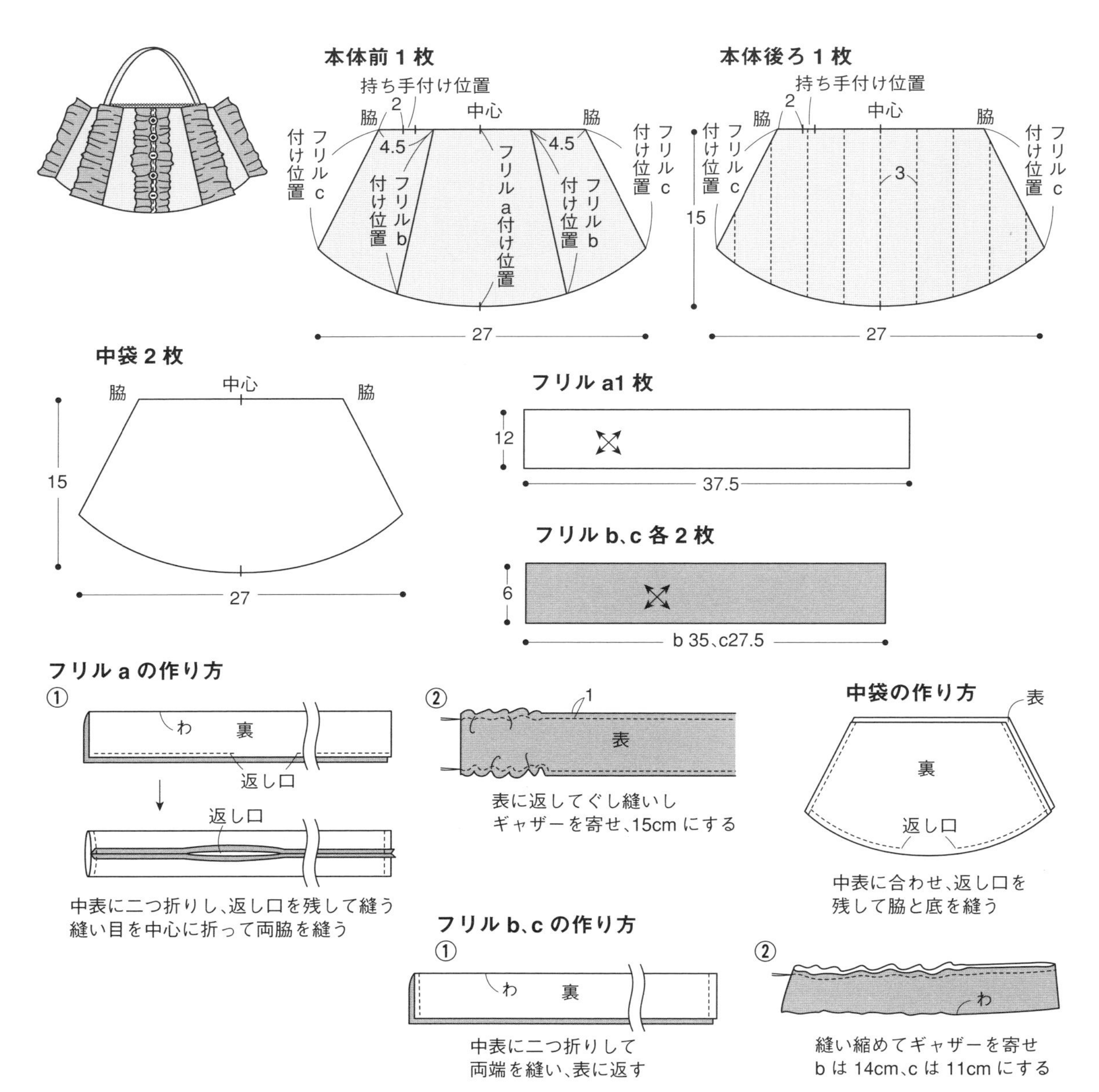

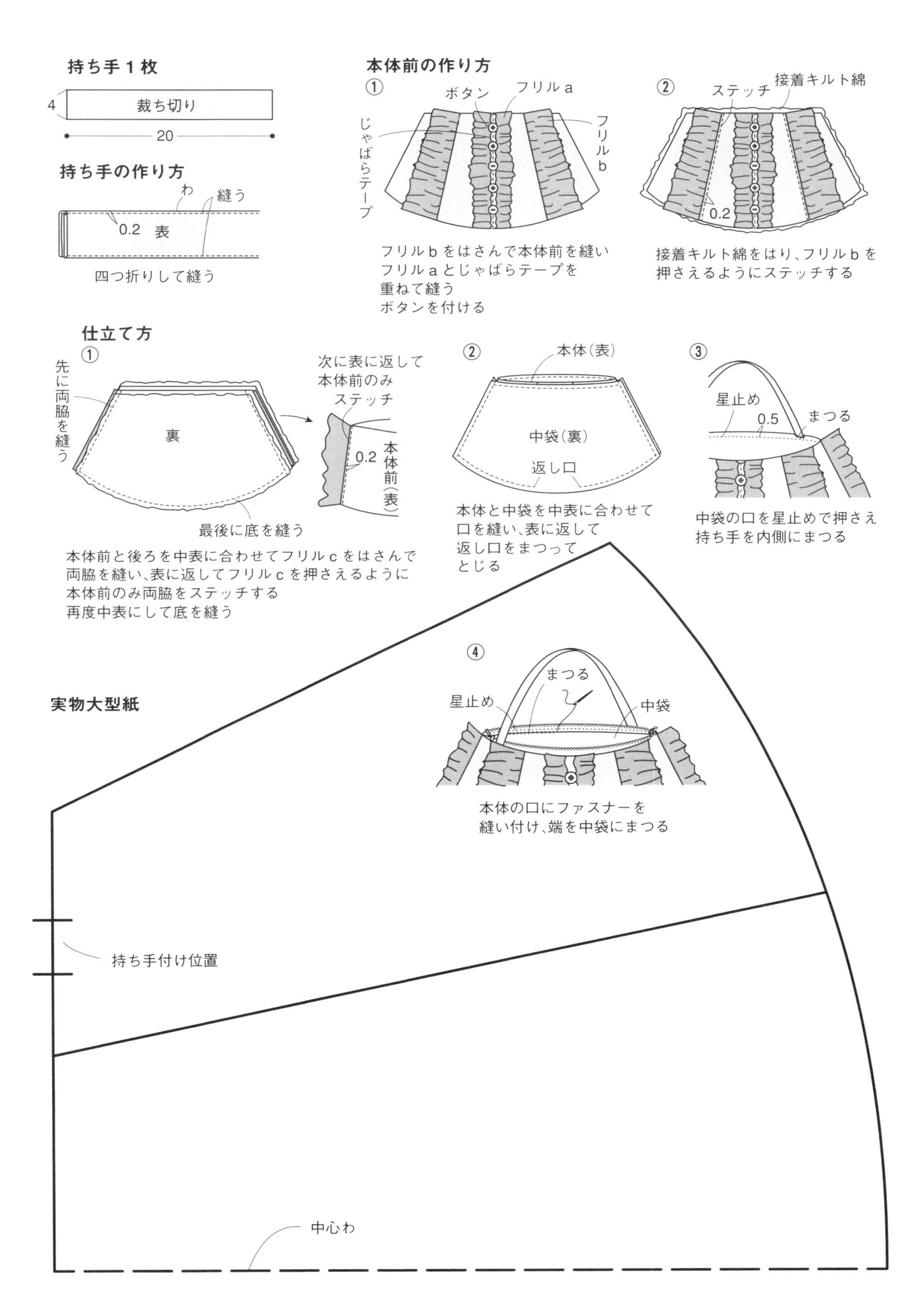

持ち手１枚
4
裁ち切り
20
持ち手の作り方
わ
縫う
0.2
表
四つ折りして縫う
本体前の作り方
①
ボタン
フリル a
じゃばらテープ
フリル b
フリル b をはさんで本体前を縫い
フリル a とじゃばらテープを
重ねて縫う
ボタンを付ける
②
ステッチ
接着キルト綿
0.2
接着キルト綿をはり、フリル b を
押さえるようにステッチする
仕立て方
①
先に両脇を縫う
裏
次に表に返して
本体前のみ
ステッチ
0.2
本体前(表)
最後に底を縫う
本体前と後ろを中表に合わせてフリル c をはさんで
両脇を縫い、表に返してフリル c を押さえるように
本体前のみ両脇をステッチする
再度中表にして底を縫う
②
本体(表)
中袋(裏)
返し口
本体と中袋を中表に合わせて
口を縫い、表に返して
返し口をまつって
とじる
③
星止め
0.5
まつる
中袋の口を星止めで押さえ
持ち手を内側にまつる
④
まつる
星止め
中袋
本体の口にファスナーを
縫い付け、端を中袋にまつる
実物大型紙
持ち手付け位置
中心わ

P.51 フリルのガーリーバッグ　27×37cm

材料
フリルa用布40×40cm　フリルb用布50×50cm　フリルc用布55×55cm　フリルd用布65×65cm　フリルe用布70×70cm　持ち手フリル用布95×95cm　本体用布（持ち手分含む）110×60cm　裏打ち布、中袋用布、接着キルト綿各110×50cm　幅1.5cmじゃばらテープ80cm　直径1〜1.5cmボタン適宜

作り方のポイント
●フリルの作り方は53ページ参照。
●ボタンは好みで付ける。

作り方
❶フリルを作る。
❷持ち手を作り、フリルを重ねて縫う。
❸本体前をフリルをはさみながらまとめる。
❹本体前と後ろに持ち手をはさんでgとhを縫い合わせてまとめる。
❺本体に接着キルト綿をはり、裏打ち布を合わせてしつけをかけてキルティングする。
❻本体前と後ろを中表に合わせ、両脇と底、マチを縫う。
❼中袋を底に返し口を残して本体同様に縫う。
❽本体と中袋を中表に合わせて口を縫い、表に返して返し口をとじる。
❾口に星止めをする。

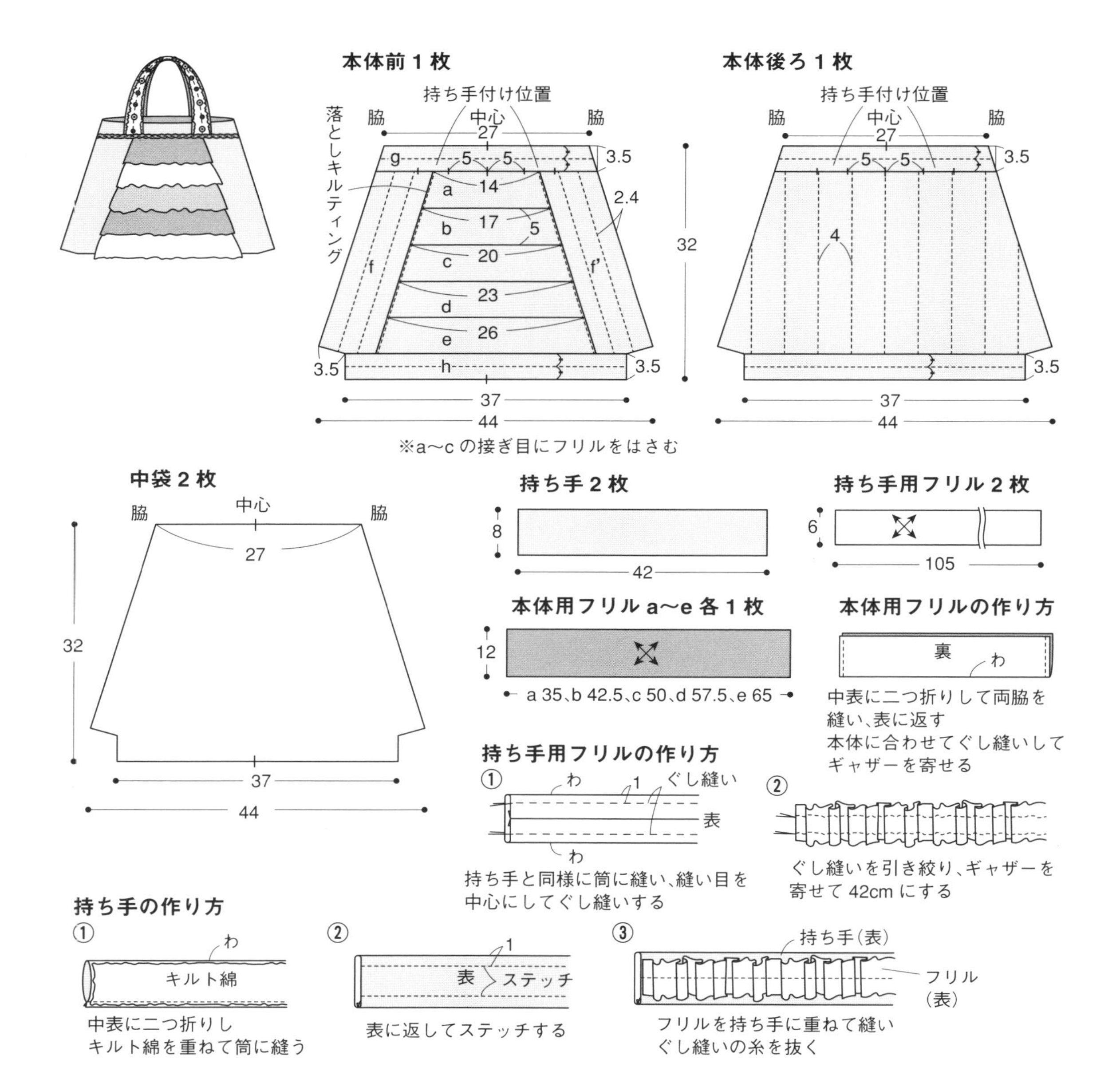

本体前と後ろの作り方

①

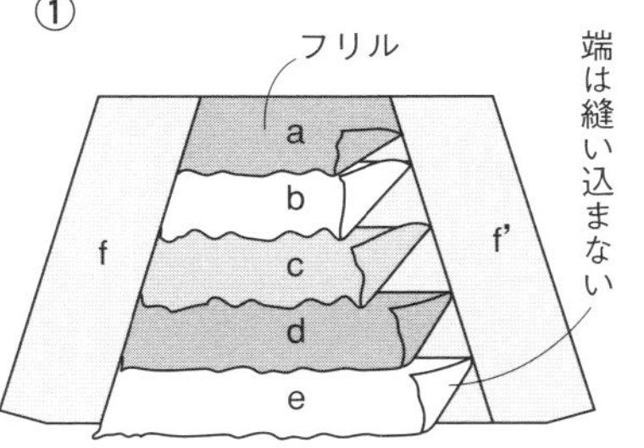

本体前にフリルをはさみながら a〜e を
縫い合わせ、両側に f、f' を縫い合わせる
本体後ろは一枚布

②

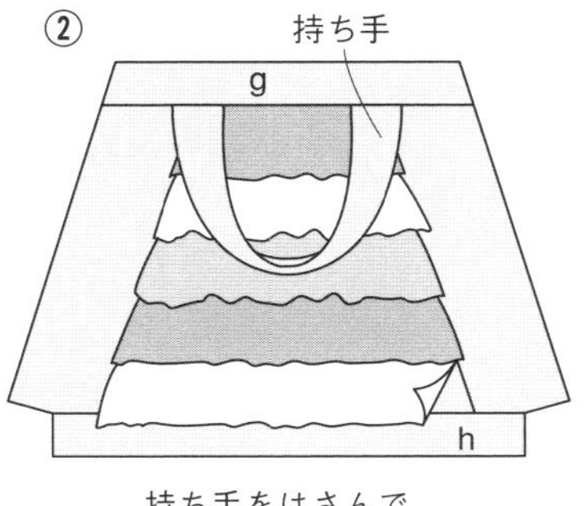

持ち手をはさんで
g と h を縫い合わせる

③

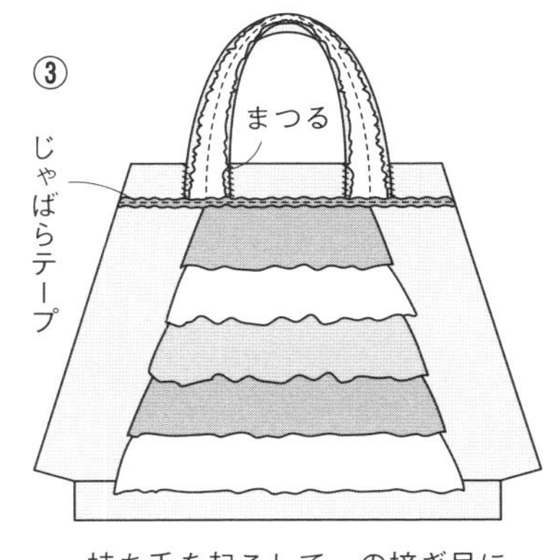

持ち手を起こして g の接ぎ目に
じゃばらテープを重ねて縫う

50%縮小型紙　200%に拡大してご使用ください

仕立て方

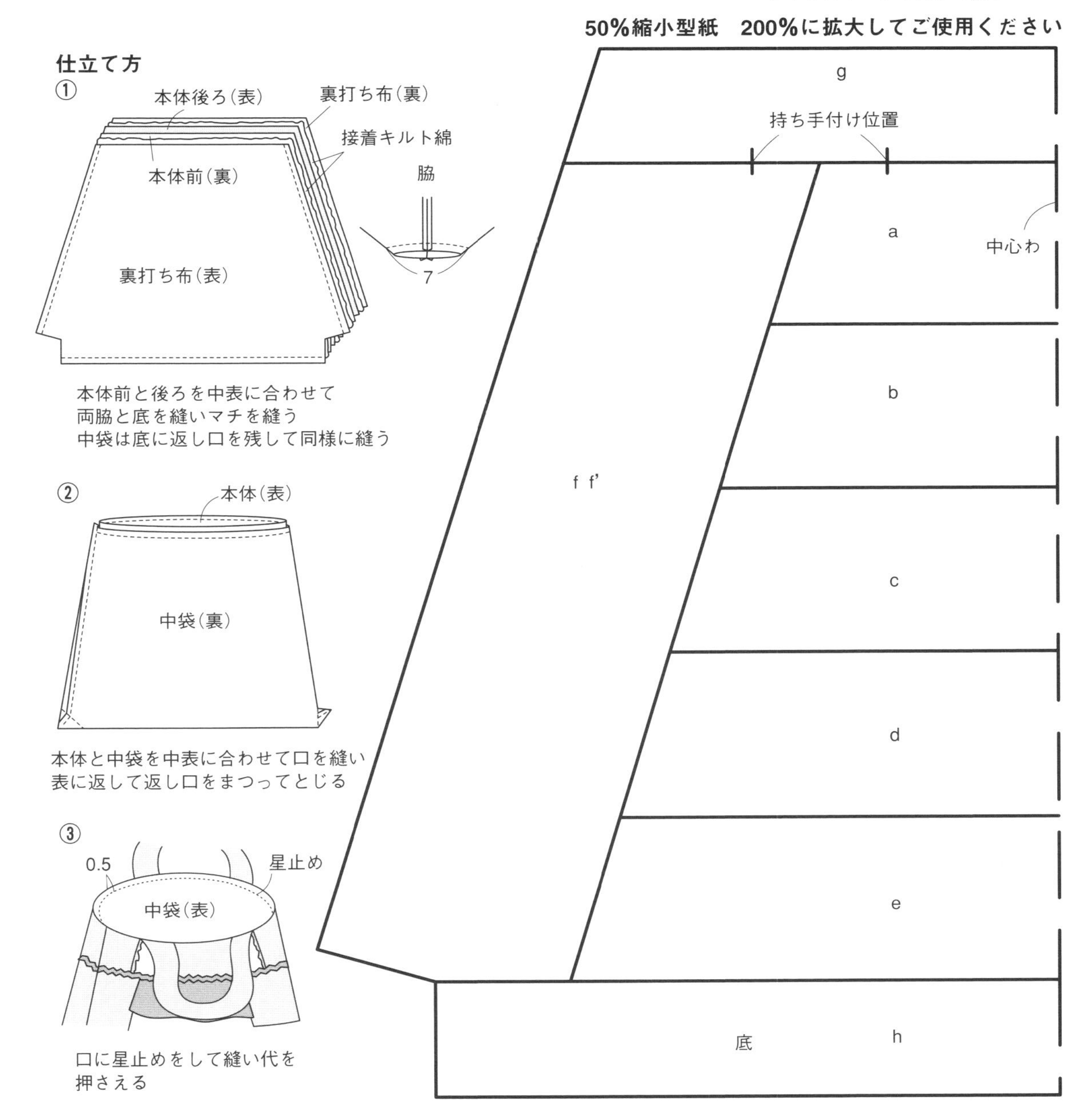

本体前と後ろを中表に合わせて
両脇と底を縫いマチを縫う
中袋は底に返し口を残して同様に縫う

本体と中袋を中表に合わせて口を縫い
表に返して返し口をまつってとじる

口に星止めをして縫い代を
押さえる

P.52	フリル仕立てのきんちゃく	13.5 × 34cm

材料

アップリケ用布適宜　ひも用布50×5cm　本体用布、接着キルト綿、中袋用布各50×30cm　フリル用布（口布分含む）100×30cm　幅2cmリボン100cm　直径1.5、2.8cmボタン各2個

作り方のポイント

●フリルの作り方は53ページ参照。

●中袋は本体と同じパーツを同様に縫い合わせる。

作り方

❶本体のパーツにアップリケをし、接着キルト綿をはってキルティングする。

❷フリルを作り、本体のパーツに仮留めする。

❸本体のパーツを縫い合わせる。

❹口布を作る。

❺本体を中表に二つ折りし、底からあき止まり位置まで両脇を縫う。

❻中袋を本体同様に縫う。

❼本体と中袋を中表に合わせ、あき止まり位置から上をそれぞれ縫う。

❽表に返して口布をまつる。

❾ひもを通してボタンを付ける。

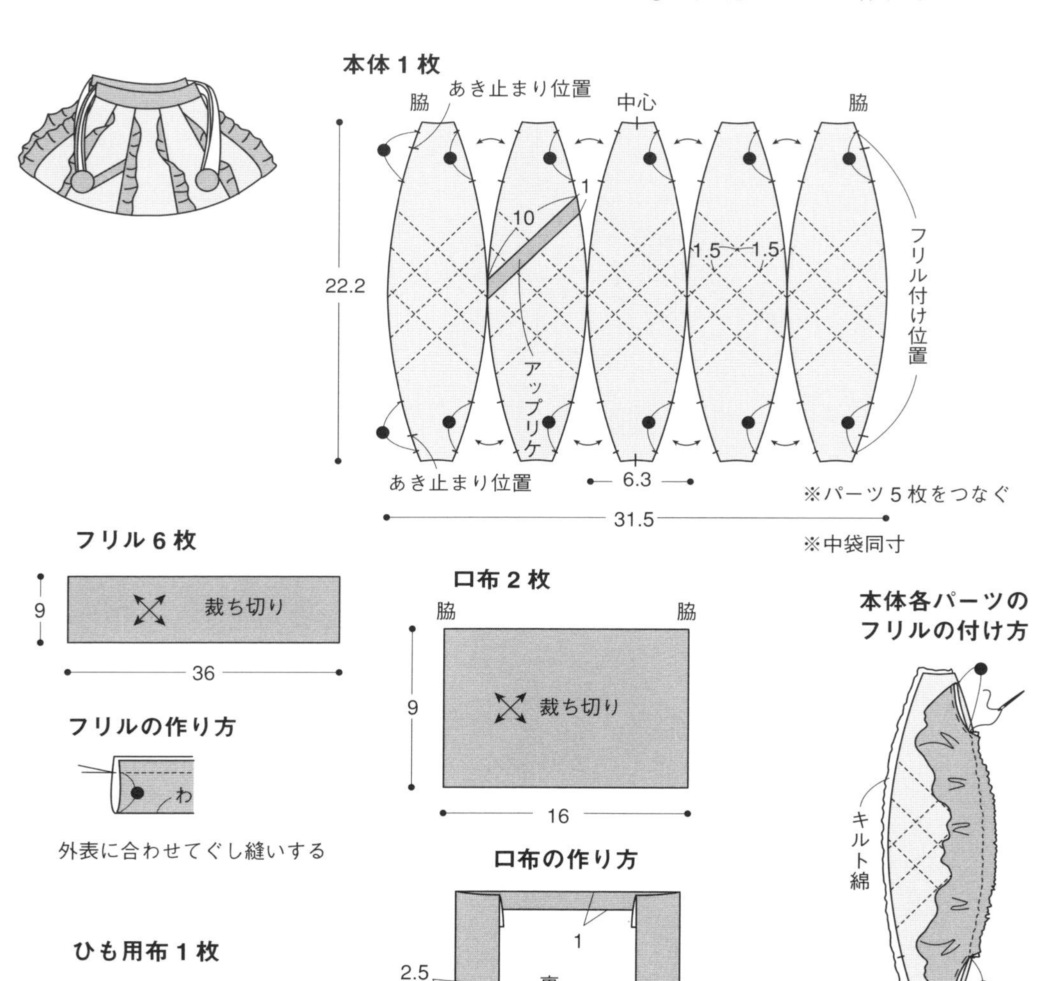

ひも用布１枚

1.2　46

ひもの作り方

縫い代を折る　1.2　2×46 リボン

１枚のみリボンに重ねて縫う

本体のパーツの右側に、フリルと本体の●部分を合わせてしつけをかけ、フリルのぐし縫いを引き絞って本体のカーブの長さに合わせてしつけをかける
これを５枚作り、左端になる１枚は左側にもフリルを付ける

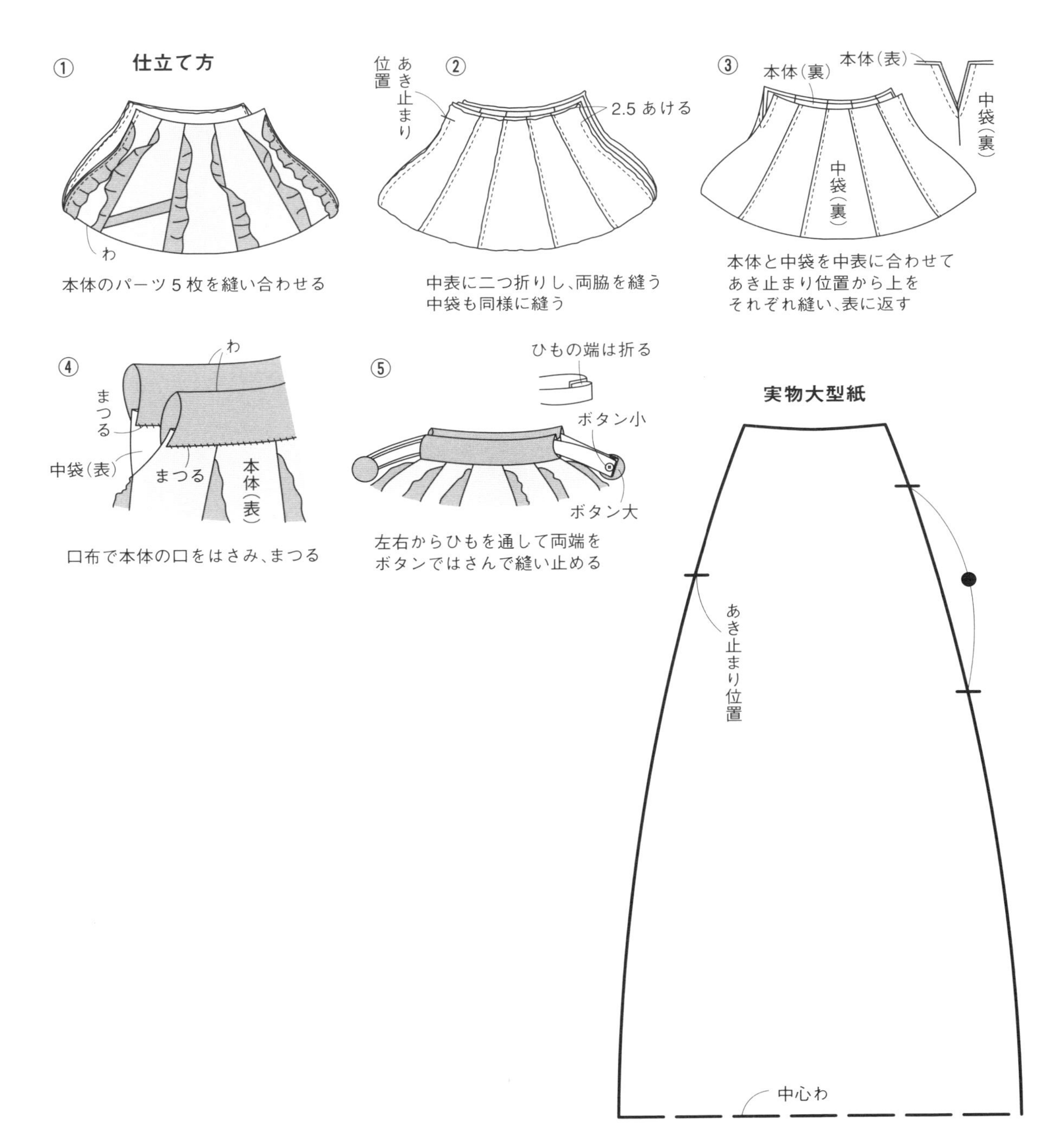
①
仕立て方
わ
本体のパーツ５枚を縫い合わせる
②
あき止まり位置
2.5 あける
中表に二つ折りし、両脇を縫う
中袋も同様に縫う
③
本体(裏)
本体(表)
中袋(裏)
中袋(裏)
本体と中袋を中表に合わせて
あき止まり位置から上を
それぞれ縫い、表に返す
④
わ
まつる
中袋(表)
まつる
本体(表)
口布で本体の口をはさみ、まつる
⑤
ひもの端は折る
ボタン小
ボタン大
左右からひもを通して両端を
ボタンではさんで縫い止める
実物大型紙
あき止まり位置
中心わ

P.55 ボタンのミニバッグ

19 × 26cm

材料

本体用布、接着キルト綿、裏打ち布、接着芯各70×30cm　中袋（内ポケット、バイヤステープ分含む）110×35cm　持ち手用布40×10cm　直径0.8～1cmボタン36個　長さ23cmファスナー1本　幅1.5cmリボン25cm　両面接着シート適宜

作り方のポイント

● タフティングのしかたは57ページ参照。裏打ち布まで針を通してタフティングする。

● 縫い代を口は0.7cm、脇と底、持ち手は1cm付ける。

作り方

❶本体に接着キルト綿をはり、裏打ち布を重ねてボタンでタフティングする。
❷内ポケットを作り、中袋に縫い付ける。
❸本体と中袋を中表に合わせ、ファスナーをはさんで縫う。
❹本体と中袋の底をそれぞれ縫う。
❺本体と中袋を外表に合わせ、両脇とマチを縫い、縫い代をバイヤステープでくるんで始末する。
❻持ち手を作る。
❼本体の口の両端をつまみ、持ち手ではさんで縫う。
❽ファスナー飾りを付ける。

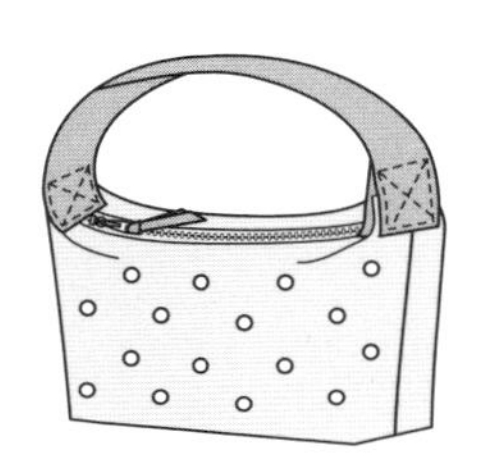

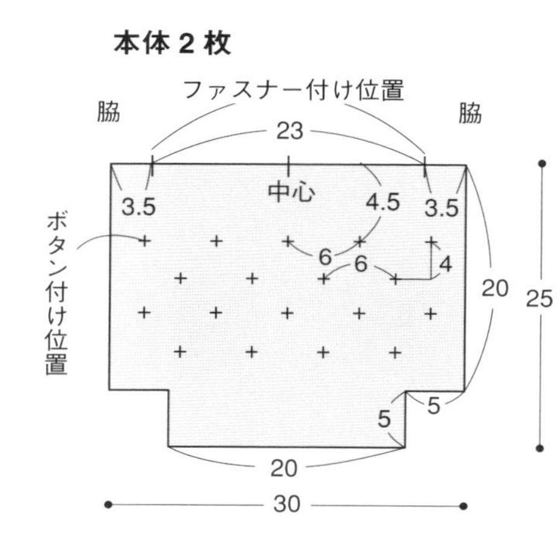

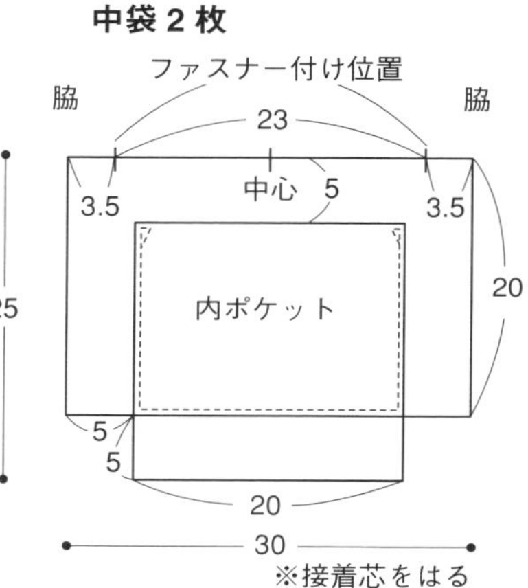

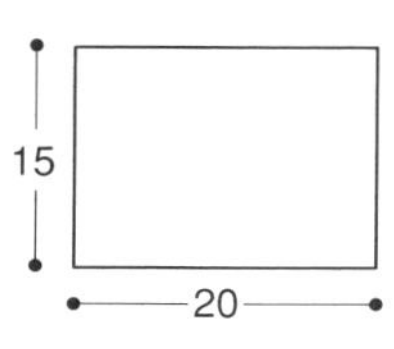

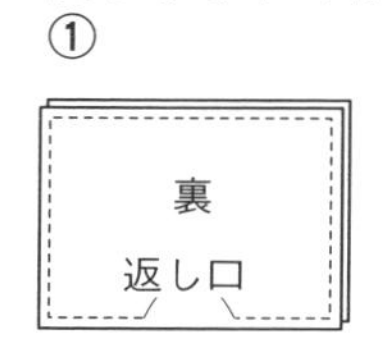

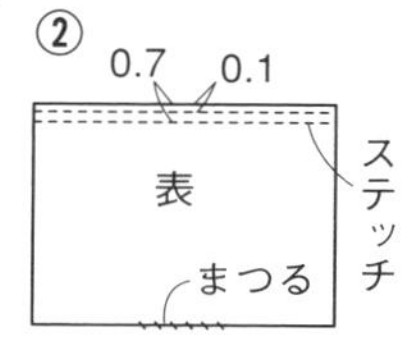

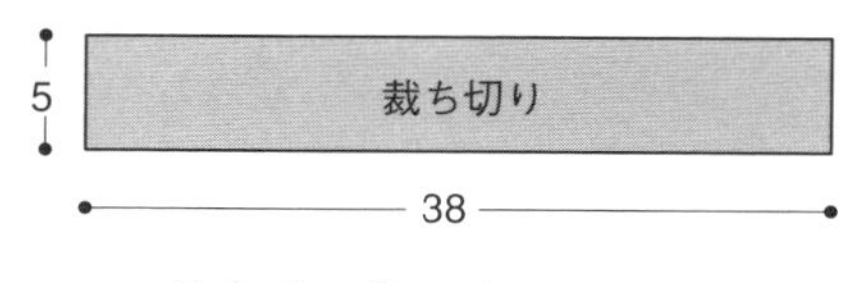

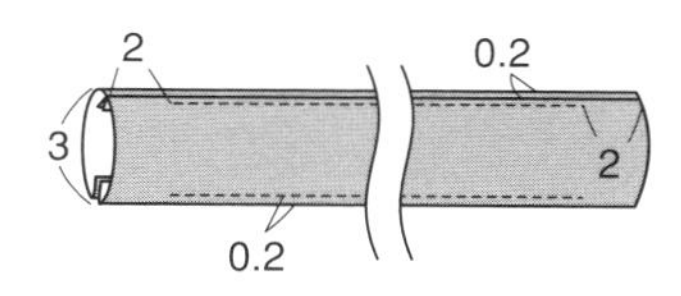

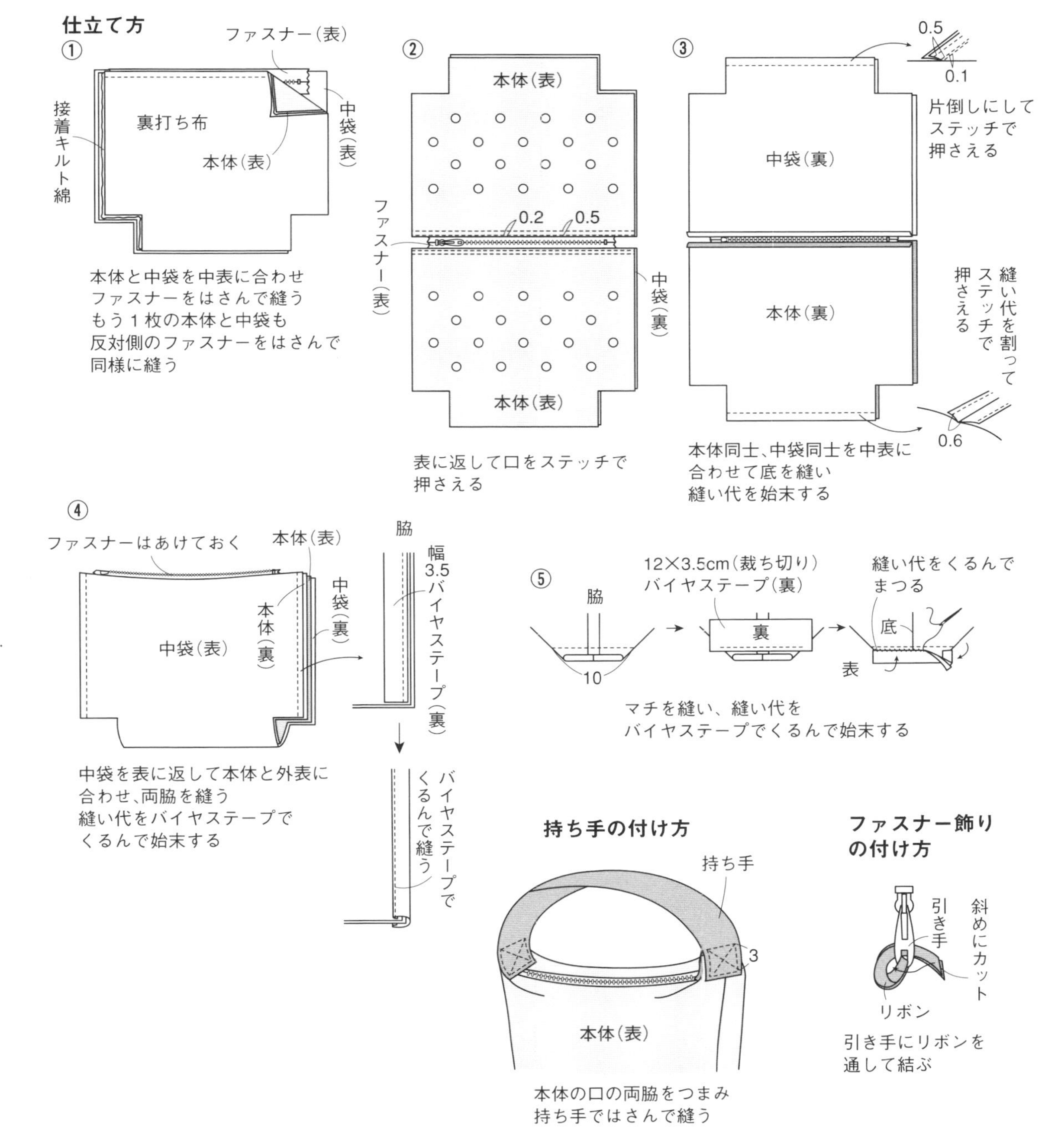

仕立て方
①
ファスナー(表)
接着キルト綿
裏打ち布
中袋(表)
本体(表)
本体と中袋を中表に合わせ
ファスナーをはさんで縫う
もう1枚の本体と中袋も
反対側のファスナーをはさんで
同様に縫う
②
本体(表)
ファスナー(表)
0.2
0.5
中袋(裏)
本体(表)
表に返して口をステッチで
押さえる
③
0.5
0.1
片倒しにして
ステッチで
押さえる
中袋(裏)
本体(裏)
縫い代を割って
ステッチで
押さえる
0.6
本体同士、中袋同士を中表に
合わせて底を縫い
縫い代を始末する
④
ファスナーはあけておく
本体(表)
中袋(裏)
本体(裏)
中袋(表)
脇
幅3.5バイヤステープ(裏)
バイヤステープでくるんで縫う
中袋を表に返して本体と外表に
合わせ、両脇を縫う
縫い代をバイヤステープで
くるんで始末する
⑤
脇
10
12×3.5cm(裁ち切り)
バイヤステープ(裏)
裏
縫い代をくるんで
まつる
底
表
マチを縫い、縫い代を
バイヤステープでくるんで始末する
持ち手の付け方
持ち手
3
本体(表)
本体の口の両脇をつまみ
持ち手ではさんで縫う
ファスナー飾り
の付け方
引き手
斜めにカット
リボン
引き手にリボンを
通して結ぶ

P.54	つつみボタンのポーチ	12 × 21cm

材料

本体用布、キルト綿、裏打ち布、接着芯各25×30cm　裏布（内ポケット分含む）40×30cm　つつみボタン用布20×5cm　直径1.2cmつつみボタン16個　直径1.5cmボタン4個　長さ26cmファスナー1本　幅0.7cmテープ20cm

作り方のポイント

●タフティングのしかたは57ページ参照。つつみボタンは、裏打ち布まで針を通してまつる。

●ストレートステッチの刺し方は99ページ参照。

作り方

❶裏打ち布、キルト綿に本体を重ね、つつみボタンでタフティングする。

❷内ポケットを作り、裏布に縫い付ける。

❸本体と裏布を中表に合わせ、返し口を残して周囲を縫う。

❹表に返して周囲をステッチで押さえる。

❺中表に二つ折りし、両脇を縫う。

❻本体の口にファスナーを付ける。

❼ファスナーの両端をボタンではさみ、引き手にテープを通す。

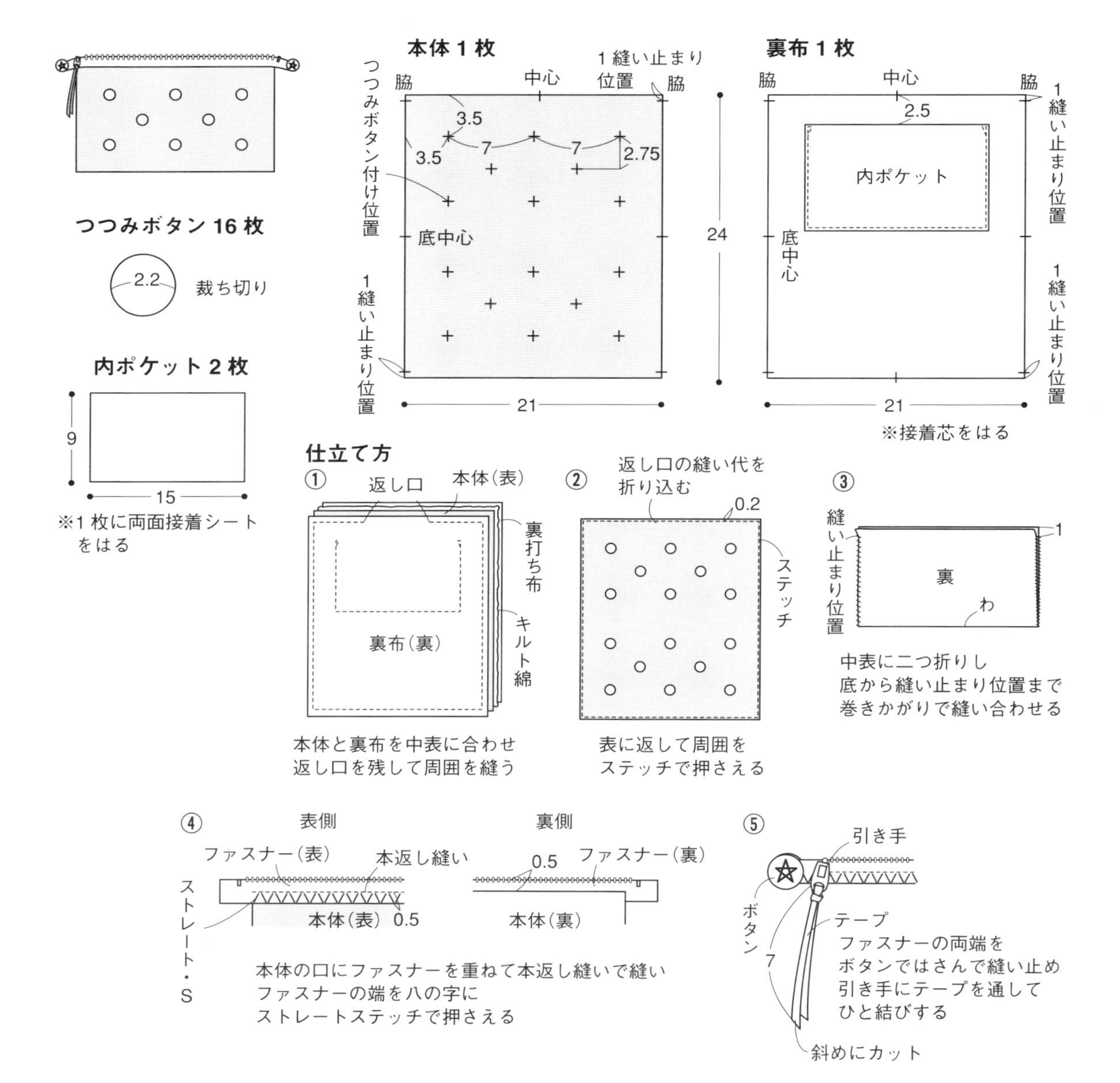